ET DES COLONIES

EXPOSITION UNIVERSELLE INTERNATIONALE DE 1889
À PARIS

RAPPORTS DU JURY INTERNATIONAL

PUBLIÉS SOUS LA DIRECTION

DE

M. ALFRED PICARD

INSPECTEUR GÉNÉRAL DES PONTS ET CHAUSSÉES, PRÉSIDENT DE SECTION AU CONSEIL D'ÉTAT

RAPPORTEUR GÉNÉRAL

CLASSE 77. — **Poissons, crustacés et mollusques**

RAPPORT DE M. EDMOND PERRIER

PROFESSEUR-ADMINISTRATEUR AU MUSÉUM D'HISTOIRE NATURELLE

PARIS

IMPRIMERIE NATIONALE

M DCCC XCII

CLASSE 77

Poissons, crustacés et mollusques

RAPPORT DE M. EDMOND PERRIER

MINISTÈRE DU COMMERCE, DE L'INDUSTRIE
ET DES COLONIES

EXPOSITION UNIVERSELLE INTERNATIONALE DE 1889
À PARIS

RAPPORTS DU JURY INTERNATIONAL

PUBLIÉS SOUS LA DIRECTION

DE

M. ALFRED PICARD

INSPECTEUR GÉNÉRAL DES PONTS ET CHAUSSÉES, PRÉSIDENT DE SECTION AU CONSEIL D'ÉTAT

RAPPORTEUR GÉNÉRAL

CLASSE 77. — Poissons, crustacés et mollusques

RAPPORT DE M. EDMOND PERRIER

PROFESSEUR-ADMINISTRATEUR AU MUSÉUM D'HISTOIRE NATURELLE

PARIS

IMPRIMERIE NATIONALE

M DCCC XCII

COMPOSITION DU JURY.

MM. Gerville-Réache, *Président*, député . . . . France.

Perrier (Edmond), *Secrétaire-Rapporteur*, professeur – administrateur au Muséum d'histoire naturelle . . . . France.

Bouchon-Brandely, secrétaire au Collège de France . . . . France.

Lacaze-Duthiers (Henri de), membre de l'Institut, professeur à la Faculté des sciences, membre du Conseil supérieur de l'instruction publique . . . . France.

Chabot-Karlen, *suppléant*, membre de la Société nationale d'agriculture . . . . France.

Raveret-Wattel, *suppléant*, chef du bureau des poudres et salpêtres au Ministère de la guerre, membre de la commission du repeuplement des eaux au Ministère des travaux publics . . . . France.

POISSONS, CRUSTACÉS ET MOLLUSQUES.

La mise en culture régulière des eaux courantes et stagnantes, l'empoissonnement et l'exploitation méthodiques des côtes maritimes sont encore de jeunes industries. Il y a moins de quarante ans, Coste donnait aux premiers essais entrepris en France l'appui de sa haute autorité, et imprimait à l'aquiculture un essor qui, malgré des fortunes diverses, est bien loin d'être encore arrêté. L'Exposition de 1889, quoique limitée, à peu de chose près, aux produits français, donne une haute idée des progrès accomplis et de l'ardeur avec laquelle ils ont été poursuivis; elle autorise les plus larges espérances; en essayant de préciser ce qui a été fait, c'est surtout le désir de faire plus encore que nous espérons susciter.

La culture de la mer, celle des eaux douces sont choses bien distinctes et qui justifieront la division de ce rapport en deux sections.

SECTION I.

PRODUITS MARITIMES.

L'Administration de la marine avait de bonne heure secondé les efforts de Coste pour la restauration des bancs d'huîtres de nos côtes et pour la mise en culture de terrains sur lesquels des parcs artificiels d'élevage pourraient être établis; elle n'a pas cessé de donner tous les encouragements à l'industrie féconde qui avait été créée sous ses auspices, et qui lui doit en grande partie le développement qu'elle a su atteindre. Sa sollicitude pour les ostréiculteurs s'est retrouvée dans l'organisation de l'exposition du quai d'Orsay.

Il existe actuellement de grandes exploitations ostréicoles, mais le plus grand nombre sont de modestes installations qui contribuent pour une part importante à la production générale, où d'énergiques et intelligents efforts sont souvent accomplis et qu'il était intéressant de bien mettre en valeur. La modestie même de ces installations, qui ont répandu l'aisance parmi nos populations côtières, a été une première difficulté à l'organisation de l'exposition d'ostréiculture. Si cette exposition a obtenu un succès dont il est permis de se féliciter, c'est à l'initiative, à la constante et efficace intervention du Ministère de la marine, ayant à sa tête l'amiral Krantz, que ce résultat doit être attribué. D'après les instructions de M. le commissaire général Fournier, directeur de la comptabilité au Ministère de la marine, dans chaque quartier, les commissaires de l'inscription maritime se sont mis avec le plus grand zèle à la disposition des exposants pour leur fournir les renseignements qui leur étaient nécessaires et leur faciliter les moyens d'organiser leur exposition particulière; partout ils ont été des intermédiaires obligeants et éclairés entre le comité d'installation et les parqueurs de leur circonscription, et plus d'une fois ils ont facilité même au jury l'accomplissement de sa tâche. Convaincue que le succès de l'Exposition serait le plus sûr moyen de donner une impulsion nouvelle à l'industrie ostréicole, l'Administration de la marine ne s'est pas contentée de déléguer au comité d'installation deux fonctionnaires qui lui ont prêté le plus précieux concours, M. le commissaire Roussin et M. l'inspecteur général des pêches Bouchon-Brandely; elle n'a pas hésité à prendre la plus lourde part des charges de l'exposition et à rendre ainsi possibles des installations relativement coûteuses, que le maigre budget de la classe n'aurait certainement pas permises; elle a ainsi couronné ses efforts quotidiens pour assurer la mise en valeur de nos plages et une fois de plus a bien mérité de nos populations côtières.

Si, depuis l'origine, le Ministère de la marine a pris sous sa protection toute particulière le développement de l'industrie ostréicole, la série si remarquable des rapports adressés au Ministre de la marine par M. Bouchon-Brandely, inspecteur général des pêches maritimes[1], témoigne que l'action de ce département sur l'ostréiculture est à la fois incessante et empreinte de la bienveillance la plus éclairée. Par ses soins, les bancs d'huîtres naturels sont soigneusement surveillés, de manière à en assurer la conservation; les bancs épuisés sont étudiés, et tous les travaux nécessaires pour en assurer la reconstitution sont entrepris. Dans les lieux de production, comme le bassin d'Arcachon, l'État entretient et garde à son compte des parcs et des réserves qui assurent la production régulière du naissain, permettent la production en quantité suffisante des matières alimentaires dont l'huître a besoin, comme tout animal vivant, et qu'une exploitation intensive et immodérée aurait bien vite fait de détruire sans retour; partout où cela est possible, des concessions nouvelles sont accordées aux inscrits maritimes, de sorte que le personnel de la marine fournit encore le plus grand nombre des travailleurs qui contribuent à la production du précieux mollusque. Enfin, sous les auspices du Ministère de la marine, M. l'inspecteur général des pêches a entrepris l'étude de divers appareils d'élevage qui peuvent être placés dans les courants les plus propices à la croissance et à l'engraissement des huîtres et qui ne peuvent manquer de donner d'excellents résultats. Toute une belle collection d'huîtres provenant de ces appareils a été exposée par M. Bouchon-Brandely, dans un aquarium artistique, dû à M. l'architecte Gagey, et qui a été l'un des attraits du pavillon de la classe 77. M. Bou-

[1] Rapport au Ministre de la marine relatif à l'ostréiculture sur le littoral de la Manche et de l'Océan (*Journal officiel* des 22, 24, 25 et 26 janvier 1877). — Rapport sur la reconstitution des gisements huîtriers de la baie de Bourgneuf et sur un projet de création d'un établissement ostréicole (*Journal officiel* du 15 novembre 1888). — Rapport sur les résultats d'une inspection dans le bassin d'Arcachon (quartier de La Teste-de-Buch), 3 mars 1888. — Rapport sur l'ostréiculture et l'état des bancs naturels d'huîtres en Bretagne (*Journal officiel* du 1er juillet 1889).

chon-Brandely a eu l'heureuse idée d'exposer en même temps une belle série des coquillages comestibles de nos côtes et de celles d'Algérie. Cette collection a été gracieu-
sement donnée au Muséum d'histoire naturelle, et des doubles bien déterminés en ont
été distraits pour servir de base aux déterminations d'espèces dont les administrateurs
de la marine pourront avoir besoin.

Non seulement le Département de la marine a contribué de la façon la plus large à
l'exposition d'ostréiculture, mais, prenant en main l'œuvre de Coste, qui a complètement
transformé les conditions de la production de l'huître, elle a, pour ainsi dire, créé
une seconde fois l'ostréiculture et en a fait sa chose. Il y a quarante ans à peine, toutes
les huîtres consommées en France provenaient des bancs naturels qui existent sur divers
points de notre littoral (voir les cartes ci-jointes). Les plus septentrionaux des bancs de
quelque importance se montrent sur nos côtes, dans la baie du Calvados, notamment
à Dives, et ils ont longtemps seuls alimenté le commerce de Courseulles et de Saint-
Vaast-la-Hougue. De l'autre côté de la presqu'île du Cotentin se trouve la plus riche
région de nos côtes en gisements naturels; c'est la vaste baie du Mont-Saint-Michel, sur
les rivages de laquelle sont situés Granville, Régneville, Cancale; rien que dans le
voisinage de Granville, on ne compte pas moins de onze bancs : la Foraine, Haguet,
le Trou-à-Girou, Saint-Marc, Bout-de-Rive, Saint-Germain, Géfosse, Sénéquet, la
Costaise, le Rouquet, le Pirou.

Les bancs de la baie du Mont-Saint-Michel sont : Corbière-ô-les-Chaudières, le Bas-
de-l'Eau, le Vivier-ô-le-Mont, l'Orme-ô-le-Moulin, Saint-Georges, Beauveau-ô-le-Mont
et la réserve de l'État, entre les gisements des quartiers de Granville et de Cancale.

Les bancs de la rivière de la Rance, aujourd'hui presque réduits au banc du Néris,
étaient, il n'y a guère plus d'un demi-siècle, d'une rare fertilité.

La région huîtrière s'étend d'ailleurs jusqu'à Saint-Malo.

Après une certaine interruption, elle reprend dans la baie de Saint-Brieuc, qui fut
le théâtre des premiers essais de Coste; mais les bancs y ont été tellement dévastés,
qu'on a dû renoncer à en réglementer l'exploitation. De nombreux bancs s'échelonnaient
autrefois de l'embouchure du Trieux à Pleudaniel; il ne reste plus que l'huîtrière de
Toul-en-Houillet qui puisse être signalée.

Puis vient Tréguier, pays d'origine des plus belles huîtres françaises, comparables
pour le moins aux huîtres d'Ostende; mais il faut ensuite aller jusqu'à Brest pour retrouver des bancs importants. Il y a quarante ans, on ne comptait pas moins de vingt-
neuf bancs dans la rade de Brest, principalement à l'embouchure de la rivière de Lan-
derneau et de celle de Chateaulin. L'estuaire de l'Odet, au fond duquel est situé
Quimper, celui de la rivière de Pont-l'Abbé avaient aussi naguère des bancs d'une
grande richesse, dont quelques-uns, le banc de Pouldon, par exemple, après avoir
été presque complètement épuisés, se sont spontanément régénérés.

Un peu plus loin, dans la baie de Lorient, il existe dans la rivière d'Hennebont ou
Blavet des huîtrières naturelles bien moins importantes qu'autrefois, quoique encore

vivaces ; mais, de tous les gisements de la côte sud de la Bretagne, les plus importants sont ceux du Morbihan, si bien qu'Auray joue sur la côte bretonne un rôle analogue à celui d'Arcachon sur la côte gasconne. C'est dans la rivière d'Auray que sont les principaux gisements naturels; ils forment une suite de bancs non interrompus, sur trois lieues de longueur, depuis le moulin de Poulben et la chapelle de Saint-Avoye jusqu'à l'étier de Coat-Couzo. Ces bancs recouvrent une superficie de près de 3oo hectares.

La rivière de Crach ou de la Trinité recèle aussi des bancs importants, mais d'une moins grande étendue.

Enfin les gisements du trait de Penbaye, dans le quartier du Croisic, terminent la série des gisements ostréicoles si nombreux sur la côte bretonne, en raison de ses découpures et des nombreuses rivières qui s'y déversent.

Il y a cinquante ans, la baie de Bourgneuf ou de Noirmoutiers pouvait rivaliser avec la baie du Mont-Saint-Michel pour l'abondance et les exceptionnelles qualités de ses huîtres naturelles. De 1816 à 1824, l'Angleterre seule consomma plus de cinquante millions d'huîtres de Bourgneuf; en 186o, on comptait encore 19 millions par an sur les bancs de la baie; le total des récoltes des deux années 1886-1887 s'élève seulement à 510,000. Ces chiffres montrent avec suffisamment d'éloquence combien est profonde la déchéance des bancs de Bourgneuf.

Les anciens bancs de l'île de Ré ne sont plus représentés que par quelques huîtres isolées que les pêcheurs récoltent encore à marée basse. En revanche, l'huître portugaise a constitué, depuis 1872, un banc nouveau à 9 milles de l'embouchure de la Gironde, non loin du Verdon, sur l'ancien banc de Richard ou de Goulès.

Nous terminerons enfin cette énumération des richesses huîtrières naturelles de la Manche et de l'Océan en rappelant les bancs célèbres d'Arcachon qui ont été le point de départ de la plus belle exploitation ostréicole de notre pays.

La Méditerranée ne saurait rivaliser sous le rapport de la production des huîtres avec l'Océan. Bien que ce soit au lac de Fusaro, délaissé depuis 1869, que Coste ait puisé, en 1853, l'idée de l'ostréiculture, les gisements méditerranéens sont peu importants. Il existait cependant au commencement du siècle des bancs d'huîtres dans la rade de Toulon. Au voisinage de l'étang de Berre, dans l'étang même on trouve des huîtres isolées en assez grand nombre; l'étang de Thau en nourrissait également autrefois, et l'étang de Berre a eu des gisements renommés. Outre l'huître pied-de-cheval, qui n'est probablement qu'une variété de l'huître comestible ordinaire, on récolte encore dans la Méditerranée l'*Ostrea stentina,* qui est d'une délicatesse remarquable.

Telles étaient les sources d'où provenaient, il y a quarante ans, toutes les huîtres consommées en France.

Dans quelques localités, Courseulles, Cancale, Marennes, on conservait bien pendant quelque temps les huîtres dans des viviers spéciaux, afin de leur faire prendre certaines qualités particulières; mais les huîtres ainsi *parquées* provenaient toutes de bancs naturels; elles étaient recueillies déjà adultes et n'étaient conservées que le temps nécessaire pour perfectionner leur forme, leur couleur ou leur saveur.

Les progrès accomplis dans les moyens de transport, en étendant le cercle de consommation des huîtres, devaient fatalement amener une exploitation à outrance des bancs d'huîtres naturels; aussi constate-t-on, vers l'époque où nos voies ferrées sont entrées en pleine exploitation, un épuisement presque simultané de tous les bancs, épuisement dû surtout à des dragages inconsidérés auxquels sont venus se joindre sur quelques points, il faut le dire, soit des modifications dans le régime des courants qui ont amené l'envasement de bancs jadis prospères, soit le recul des falaises comme dans la région de la Rance, soit des travaux d'art comme ceux qui ont été exécutés dans la rade de Brest.

C'est au moment où l'appauvrissement des bancs naturels était partout signalé que Coste conçut le projet de créer de toutes pièces l'ostréiculture.

L'histoire des espérances et des déceptions que suscita cette entreprise n'a plus aujourd'hui qu'un intérêt rétrospectif.

Si les essais de Coste dans la baie de Saint-Brieuc, dans celle de Villefranche ne réussirent pas comme on pouvait l'espérer, on sait aujourd'hui que l'insuccès tenait surtout à des questions de détail qui ont été laborieusement mais heureusement résolues : l'ostréiculture est aujourd'hui une importante industrie; elle n'est même plus obligée d'aller demander ses élèves aux bancs naturels; elle sait les produire elle-même, et en si grande quantité, que les débouchés semblent sur le point de manquer pour le naissain.

A côté de l'huître naturelle, de l'*huître sauvage*, en quelque sorte, qu'ils ont appris à améliorer, nos ostréiculteurs ont créé l'*huître domestique*, et il n'est guère douteux qu'ils n'arrivent un jour à la briser en races appropriées à des besoins ou à des goûts particuliers, puisque à l'état naturel l'huître montre déjà une incontestable variabilité.

La part du Ministère de la marine dans la création de cette industrie nouvelle est plus grande qu'on ne le suppose en général, et mérite d'être mise en relief. Au moment même où Coste étudiait les procédés d'ostréiculture et de mytiliculture du lac de Fusaro, un administrateur éminent, M. de Bon, alors commissaire de la marine et chef du service à Saint-Servan, s'occupait de reconstituer les gisements huîtriers de la rivière de la Rance à Saint-Malo, en y transportant des huîtres prélevées sur les bancs de la baie de Cancale. Il avait parqué un certain nombre de ces huîtres sur des grèves émergentes; contrairement à une opinion généralement répandue, les mollusques placés dans ces conditions lui fournirent du naissain en abondance. On devait conclure de là que l'huître était capable d'accomplir son évolution entière sur des terrains accessibles à chaque marée; qu'elle était, par conséquent, susceptible d'une véritable culture. A dater de cette constatation, on pouvait prévoir que de vastes étendues de grèves étaient susceptibles d'être transformées en bancs artificiels d'huîtres; les premières régions à utiliser étaient les estuaires nombreux où l'eau douce vient se mélanger à l'eau de mer et réaliser ainsi une des conditions qui paraissent le plus propices au développement des huîtres. Dès lors, au point de vue de la production ostréenne, deux voies étaient ouvertes au Ministère de la marine :

1° Reconstitution des gisements huîtriers détruits ou en voie de destruction;

2° Fondation de l'ostréiculture proprement dite.

Dans les deux voies, le Ministère de la marine s'est engagé avec une égale ardeur.

Devenu commissaire général et directeur des services administratifs au Ministère de la marine, M. de Bon donna à cette double entreprise l'appui de son expérience et de sa haute situation. La tradition n'a pas été interrompue et l'ostréiculture trouve aujourd'hui auprès de M. le commissaire général Fournier[1] le même appui éclairé, la même sollicitude que lorsqu'elle était à ses débuts; elle trouve plus encore : elle est accueillie au Ministère de la marine avec cette sympathie particulière qui entoure dans sa famille un enfant qui a réussi.

La reconstitution des bancs en décadence n'était pas chose aussi simple qu'on pouvait le supposer. La décadence des bancs est due à plusieurs causes : des changements dans le régime des eaux auxquels l'homme ne peut rien; des nécessités d'ordre supérieur, telles que celles de la défense des côtes ou de la sécurité des ports; enfin et surtout une exploitation abusive.

Dans un certain nombre de cas, il avait paru possible de lutter contre l'envasement des bancs et leur envahissement par les algues et les animaux nuisibles. Les bancs encore doués d'une suffisante vitalité étaient, il y a dix ans, l'objet d'une surveillance attentive. L'Administration avait institué la corvée du dragage; sous peine d'être définitivement exclu de la pêche des huîtres, chaque riverain était tenu de prendre part dans une mesure déterminée aux dragages qui avaient pour but de nettoyer les huîtrières et d'en enlever toutes les productions vivantes qui semblaient dangereuses pour le mollusque. Mais les dragages répétés avaient l'inconvénient de soulever toutes sortes de détritus, d'amener le dégagement de gaz méphitiques, de blesser et d'enfouir beaucoup de jeunes huîtres; leurs heureux effets étaient pour le moins contestables; on y renonça en 1886. Il a été reconnu depuis que le meilleur moyen de conserver à un banc sa vitalité était de semer à sa surface, à l'époque du frai, des débris de coquilles, des fragments de tuiles chaulées, etc., sur lesquels le naissain vient se fixer et se développer.

Lorsque les bancs sont épuisés par une exploitation excessive, l'expérience a démontré que pour peu qu'ils eussent conservé de vie, il suffit de cinq ans de repos pour amener leur reconstitution spontanée. En présence de l'impossibilité de défendre la pêche d'une façon absolue, l'Administration a pris le parti de diviser l'ensemble des gisements de certains quartiers en cinq zones, qui sont exploitées tour à tour. Ailleurs elle a établi des réserves sur lesquelles il est interdit de draguer et d'où le

---

[1] Depuis que ce rapport a été rédigé, M. le commissaire général Fournier a quitté la direction de la comptabilité du Ministère de la marine pour celle de la Caisse des invalides; M. le commissaire général Bergis lui a succédé.

naissain se répand sur les bancs voisins de manière à maintenir leur vitalité. Enfin, pour régénérer les bancs épuisés, il a fallu y semer les huîtres nouvelles empruntées à d'autres gisements. Ces diverses opérations ont été conduites dans les divers quartiers par les commissaires de l'inscription maritime, qui ont fait preuve à la fois du plus grand zèle et de la plus grande habileté.

C'est ainsi que le banc de Toul-en-Houillet, dans le quartier de Paimpol, a été l'objet des plus sages mesures de la part de M. Jacques-Lescigneur, administrateur du quartier; qu'à Tréguier, une réserve a été établie sur le banc de Jaudy et que la reconstitution des bancs épuisés a été soigneusement étudiée; qu'à l'instigation de M. le commissaire général Laurent, le repeuplement des bancs de la rade de Brest a été poursuivi en même temps qu'a été prononcée l'interdiction de vendre ou colporter des huîtres sur une zone de 4 kilomètres autour de la rade; qu'en 1889, sous la surveillance de M. l'inspecteur général des pêches Bouchon-Brandely, *l'Albatros,* commandé par M. le lieutenant de vaisseau Lombard, a transporté 400,000 huîtres de la réserve de Bascatique, dans la rivière d'Auray, sur le banc de l'Ours, très appauvri depuis plusieurs années; que, dans ce même quartier d'Auray, les gisements des rivières d'Auray, de Bono et de la Trinité ont été soumis au système de l'exploitation fractionnaire quinquennale, préconisé par M. Bouchon-Brandely.

L'épuisement des bancs du Morbihan était déjà signalé en 1860 et la marine y avait fait transporter 1,300,000 huîtres mères, couvertes de naissain; sous l'administration de M. le commissaire Coste, les bancs du Morbihan sont en pleine reconstitution et un petit bateau à vapeur, *le Surveillant,* assure l'exécution des règlements préservateurs.

Au Croisic, l'État a établi une réserve autour de laquelle s'est formé un noyau malheureusement trop isolé de population ostréicole que l'Administration de la marine se propose d'encourager et de conseiller.

Il a été impossible, malgré les sérieux efforts qui ont été tentés, d'empêcher la ruine de la baie de Bourgneuf; mais des études ont été entreprises pour reconstituer son ancienne richesse, et l'initiative privée, suivant l'exemple donné par l'État, s'est d'ailleurs, comme nous le verrons, déjà portée sur ce point.

Ainsi, partout où un gisement naturel de quelque importance se trouve, nous constatons la trace de l'active et intéressante sollicitude du Département de la marine; c'est à lui que nous devons non seulement la conservation, mais la reconstitution des richesses ostréennes naturelles de nos côtes.

L'initiative privée a su aujourd'hui faire de l'ostréiculture une industrie rémunératrice; mais ce n'est qu'après bien des vicissitudes diverses que cette industrie a pris son essor, et l'on peut affirmer hardiment que si elle a triomphé de tous les obstacles, elle le doit aux exemples, aux encouragements de toutes sortes dont l'Administration de la marine a entouré ses débuts. C'est, en effet, en établissant des parcs dans les terrains propres à l'élevage de l'huître, en les plaçant sous la surveillance de ses commissaires, en répandant autant que possible les bonnes méthodes pour la récolte du naissain et l'élevage, en distribuant gratuitement le naissain fixé sur ses collecteurs, en allégeant autant que possible les charges des concessionnaires de parcs, que l'Administration de la marine est arrivée à maintenir partout la confiance, malgré les insuccès partiels, à ranimer les courages près de s'abandonner; elle a été, pour ainsi dire, l'âme de l'industrie naissante qui n'occupe pas moins aujourd'hui de 200,000 personnes.

Une carte remarquable à tous égards, dressée par les soins de M. le commissaire Roussin et exposée au nom du Ministère de la marine, carte annexée à ce rapport, donnera d'ailleurs une idée exacte de l'importance prise aujourd'hui sur le littoral de la Manche et de l'Océan par les établissements ostréicoles.

C'est encore dans cet esprit que le Département de la marine suit les efforts faits par M. Bouchon-Brandely pour augmenter, en quelque sorte, en profondeur, les régions propres à l'élevage de l'huître. Jusqu'ici, la culture est limitée aux terrains plats qui découvrent au moins aux grandes marées et sur lesquels les huîtres sont étendues sur une seule couche et placées même à une certaine distance les unes des autres. Les appareils flottants de M. Bouchon-Brandely ont pour but d'utiliser les matières alimentaires que les courants apportent avec eux aux divers niveaux. Fixés à des balises, à des pieux, ou soutenus entre deux eaux, ils peuvent être superposés en séries plus ou moins nombreuses, multiplier ainsi la puissance productive des eaux et ouvrir un débouché nouveau au naissain dont les producteurs d'Auray ne trouvent pas le placement. Les essais entrepris à Paimpol, à Auray, dans le Morbihan, dans la rivière de la Rance, ont déjà donné des résultats importants. Des huîtres placées dans ces caisses flottantes avaient présenté en un mois de 2 à 5 centimètres de pousse.

A cet ensemble d'études entreprises sous les auspices du Ministère de la marine se rattachent encore les recherches de M. Bouchon-Brandely sur la reproduction de l'*Ostrea edulis*, ou huître commune, et de l'*Ostrea angulata*, ou huître portugaise. Ces deux huîtres présentent déjà de telles différences extérieures, que Lamarck les plaçait dans deux genres différents. L'huître portugaise est plus allongée que l'huître comestible; sa valve inférieure est plus creuse, proportionnellement plus étroite, parfois comprimée; cette valve ne présente que de cinq à huit gros plis flexueux, tandis qu'on en observe de vingt à trente chez l'huître ordinaire; elle se prolonge du côté du crochet en une sorte de talon légèrement courbé dans lequel se continuent tout à la fois la cavité de la coquille et le corps de l'animal; les empreintes musculaires sont violacées, au lieu d'être blanches et placées un peu plus près du bord antérieur de la coquille que de la charnière, ce qui est le contraire chez l'huître commune; les pousses périodiques sont beaucoup plus fortement accusées sur la coquille, qui est presque toujours marquée d'arborisations violettes. Sur l'animal, les cirres qui bordent le manteau sont plus allongés que chez l'huître ordinaire et pigmentés à leur base; l'huître portugaise a une saveur amère caractéristique. L'habitat même des deux espèces est différent : l'huître portugaise habite de préférence la zone littorale qui découvre à chaque marée et les eaux saumâtres; l'huître ordinaire vit dans la zone des laminaires qui ne découvre qu'aux grandes marées et, si elle s'accommode d'eau à faible salure, prospère normalement dans l'eau de mer pure.

Malgré ces différences, les ostréiculteurs bretons, au moment où l'huître portugaise fut introduite dans la rivière de Belon et dans quelques autres localités, crurent constater des traces d'hybridation sur les huîtres bretonnes ordinaires, dites *huîtres plates*, et manifestèrent les craintes les plus vives de voir abâtardir par son croisement avec une espèce de qualité inférieure l'huître si renommée de leurs établissements. Les docteurs Leroux et Gressy se firent surtout les interprètes de ces craintes; ils pouvaient, de fait, montrer des huîtres françaises par la forme, mais qui, par les maculatures violettes de leur coquille et de leurs impressions musculaires, rappelaient l'huître portugaise. Cette huître à maculature violette était connue bien longtemps avant qu'il fût question de l'huître portugaise. Elle a été désignée par maints conchyliologistes anglais sous le nom d'*Ostrea parasita*; par Hanley, sous celui d'*Ostrea bicolor*; elle paraît aussi avoir porté le nom d'*Ostrea tinctata*. Il n'y avait donc rien de nouveau dans les faits constatés par les ostréiculteurs bretons; seulement, des détails qui leur avaient échappé jusqu'ici prirent subitement de l'importance en raison des craintes qu'ils suscitaient.

A l'annonce de la possibilité d'une hybridation entre nos deux espèces d'huîtres, l'alarme fut vive dans le bassin d'Arcachon, depuis longtemps habité par l'huître du Portugal et qui se trouvait menacé de perdre ses belles gravettes et peut-être aussi de voir déprécier tous ses produits; elle n'est pas encore absolument calmée. Aussi, les ostréiculteurs du bassin d'Auray ne réclament-ils rien moins que la proscription absolue de l'huître portugaise de leurs quartiers, et elle n'est pas sans causer encore quelques inquiétudes aux ostréiculteurs d'Arcachon qui l'ont depuis longtemps accueillie chez eux. On a fait, à la vérité, de nombreux efforts pour rassurer les uns et les autres; des fonctionnaires autorisés ont proclamé bien haut, au nom de la science, l'impossibilité de l'hybridation redoutée; mais quelques-uns ont donné de cette confiance de singulières raisons. L'huître de Portugal, a-t-on dit, est une *gryphée*; l'huître plate, une *huître* proprement dite. Les deux mollusques ne sont pas du même genre et partant ne peuvent s'hybrider. C'est là purement un cercle vicieux. Les genres sont en effet des groupes purement conventionnels, imaginés par les naturalistes pour la commodité de leurs classements. C'est seulement quand on a voulu donner à ces genres une apparence de division naturelle, qu'on s'est avisé de dire que l'on considérerait comme de genres différents les espèces incapables de se croiser; mais c'est là une définition, de sorte que pour avoir le droit d'affirmer que les *gryphées* et les *huîtres* sont de genre différent, il faudrait au préalable avoir démontré qu'elles ne se croisent pas. En réalité, l'expérience seule pouvait décider. Le Ministère de la marine chargea M. Bouchon-Brandely d'étudier la question.

L'inspecteur général des pêches s'adjoignit un embryogéniste distingué, M. Henneguy, et entreprit une série d'expériences tant au laboratoire de M. Balbiani, au Collège de France, qu'au voisinage du banc même du Verdon, dans l'établissement de M. Tripota; ces expériences ont été continuées à Arcachon par MM. de Montaugé frères.

Il ressort des études comparatives dont l'huître portugaise et l'huître française ont été l'objet qu'il n'y a, pour ainsi dire, aucune possibilité de croisement entre elles. Au point de vue de la reproduction, ces animaux se comportent tout différemment. La glande génitale des mollusques n'est pas un organe aussi franchement sexué que celle des arthropodes ou des vertébrés, par exemple. Chez beaucoup de mollusques, il se produit simultanément, côte à côte, dans la même glande, des éléments d'abord semblables, mais dont les uns se chargent de matières nutritives et grossissent pour devenir des éléments femelles, des *œufs,* tandis que les autres se divisent un plus ou moins grand nombre de fois, pour former finalement les filaments mâles minuscules qu'on appelle *spermatozoïdes* et qui doivent féconder les œufs. En général, cependant, la production des deux catégories d'éléments n'est pas simultanée : la glande, après avoir produit un certain temps des œufs, produit des spermatozoïdes, ou inversement, et traverse dans l'intervalle une phase d'hermaphrodisme complet; chez diverses espèces, la durée des deux premières phases tend à se réduire et, finalement, lorsqu'elle est amenée à être nulle, la séparation des sexes est réalisée; chez des mollusques, d'ailleurs assez voisins, les trois cas peuvent être observés, savoir la séparation permanente des sexes, leur alternance sur le même individu, leur réunion temporaire ou constante. On comprend même que chez des animaux tels que les mollusques lamellibranches, où l'appareil génital est réduit à ce qu'il a d'essentiel, c'est-à-dire à la glande et à ses conduits excréteurs, les circonstances extérieures puissent influer sur la façon dont se développent les éléments génitaux, si bien que dans la même espèce, il soit possible de rencontrer des races sexuées, d'autres hermaphrodites. Le même fait n'est pas *a priori* impossible chez des individus issus des mêmes parents, et même on doit prévoir que, les circonstances extérieures venant à changer, le même individu puisse être tantôt unisexué, tantôt hermaphrodite.

L'huître française (*Ostrea edulis*) appartient certainement à la catégorie de ces mollusques à sexe incertain; on en a vu d'hermaphrodites et de sexuées; on a longuement contesté la valeur de ces observations, contradictoires en apparence, toutes exactes en réalité; il est probable, en effet, que le même individu est tantôt mâle, tantôt hermaphrodite, tantôt femelle.

L'huître portugaise (*Ostrea angulata*), comme l'huître américaine (*Ostrea virginiana*), paraît être constamment unisexuée.

Les explications dans lesquelles nous venons d'entrer montrent qu'il ne faut pas s'exagérer l'importance de cette différence. Au point de vue de la possibilité de l'hybridation, elle n'apporte pas, à proprement parler, de solution.

La façon dont s'accomplit la fécondation de l'œuf, les conditions dans lesquelles s'accomplit son développement, tout en rendant l'hybridation difficile, ne la rendent pas non plus impossible. Il résulte des expériences de MM. Bouchon-Brandely et de

Montaugé que la fécondation de l'huître portugaise s'accomplit au sein même des eaux et que l'embryon se développe en toute liberté; la fécondation de l'huître française s'accomplit, au contraire, dans les oviductes ou entre les lames du manteau de la mère, que les jeunes larves ne quittent qu'à une époque avancée de leur développement.

Toutes ces différences, à la fois zoologiques, anatomiques et physiologiques, donnent réellement à penser que le croisement des deux formes est impossible et qu'il s'agit bien là d'espèces n'appartenant peut-être pas au même genre; mais la preuve de l'impossibilité de tout croisement ne peut être fournie que par l'expérience directe. Or, tandis que la fécondation artificielle des œufs de l'*Ostrea angulata* s'obtient avec la plus grande facilité, tous les essais tentés pour féconder des œufs d'huître portugaise avec du sperme d'huître française, ou inversement, ont complètement échoué. D'ailleurs, le nombre des huîtres plates colorées de violet, que l'on pourrait considérer comme hybrides, n'est pas plus grand aujourd'hui qu'autrefois dans les régions où les deux espèces se sont mélangées.

L'hybridation n'est donc pas à craindre. Ce qui serait redoutable, ce serait de mettre aux prises les deux espèces dans une localité favorable à leur développement et d'abandonner à elles-mêmes l'huître portugaise, éminemment envahissante, et l'huître française, plus délicate. Cette dernière serait probablement chassée par sa rivale, au grand détriment des producteurs, car, à l'heure actuelle, l'huître portugaise, qu'il n'est peut-être pas impossible d'améliorer, est demeurée, relativement à l'huître française, d'une qualité très inférieure. Cette expulsion d'une espèce par l'autre est un phénomène qui a été historiquement constaté; dans les villes, depuis 1753, date de son arrivée à Paris, le surmulot a complètement chassé le rat noir [1]. L'huître portugaise pourrait de même anéantir l'huître française et prendre sa place; mais cela n'est à craindre que pour les bancs naturels, et, nous l'avons dit, la station des deux huîtres est assez différente pour que cela ne se puisse fréquemment présenter.

En résumé, encouragements incessants à l'ostréiculture, recherches pour perfectionner et généraliser les procédés ostréicoles, repeuplement des bancs naturels épuisés, surveillance et entretien des bancs actuellement vivants, recherches scientifiques destinées à éclairer les ostréiculteurs et à maintenir la prospérité de leur industrie, enfin, pour une part importante, organisation de l'exposition d'ostréiculture, tel est le tableau bien imparfait du rôle joué par le Département de la marine dans le développement de l'ostréiculture. Ce rôle est assez grand pour que le jury ait cru devoir en consacrer le souvenir en décernant un diplôme d'honneur au MINISTÈRE DE LA MARINE.

L'industrie ostréicole comprend deux stades distincts : la production de l'huître et son

---

[1] Buffon décrit le surmulot comme un nouveau venu : «Nous donnons le nom de *surmulot* à une nouvelle espèce de mulot qui n'est connu que depuis quelques années. Aucun naturaliste n'a parlé de cet animal, à l'exception de M. Brisson, qui, le comprenant dans le genre des rats, l'a appelé *rat des bois.*» Ce rat des bois est devenu notre *rat d'égout*, et c'est le rat noir qui s'est aujourd'hui réfugié à la campagne.

élevage. Dans quelques localités privilégiées, la production et l'élevage marchent de concert; dans d'autres, l'élevage seul est pratiqué. Il importait que ces deux sortes de produits fussent placés bien vivants sous les yeux du public. C'était là la première difficulté à résoudre. Les dépenses de l'aquarium d'eau de mer établi à l'Exposition de 1878 pour le service de l'ostréiculture s'étaient élevées à un chiffre tel [1], que M. le directeur général de l'exploitation fit connaître au comité d'admission de la classe 77, dès le début de ses travaux, qu'il ne devait pas songer à accepter les produits destinés à être exposés vivants. C'était là une grave décision qui parut au comité de nature à diminuer beaucoup l'intérêt de l'exposition de la classe 77 et à enlever même au jury une partie de ses moyens d'appréciation. Le comité chargea son vice-président de rechercher s'il ne serait pas possible de diminuer les dépenses qu'avaient occasionnées en 1878 le transport et le renouvellement de l'eau de mer. L'emploi de l'eau de mer artificielle était tout indiqué. L'eau de mer artificielle a cependant encore une mauvaise réputation; bien qu'elle rende depuis quelque temps de réels services à divers établissements de pisciculture, dont quelques-uns sont pourtant à proximité de la mer, elle avait contre elle l'opinion de naturalistes éminents, et d'ailleurs elle n'avait pas encore été maniée en aussi grandes masses que celles qui étaient nécessaires pour les bassins du quai d'Orsay. Il était, par conséquent, indispensable de faire des essais préliminaires. Le rédacteur de ce rapport pria l'un de ses plus distingués collaborateurs, M. Marcel Causard, alors préparateur à l'École normale supérieure d'enseignement primaire, de vouloir bien s'en charger. M. Marcel Causard avait déjà fait, pour les besoins de son service, quelques essais analogues qui avaient suffisamment réussi pour que nous fussions autorisés à les poursuivre. Les premières tentatives d'acclimatation d'huîtres dans l'eau de mer artificielle furent faites le 21 octobre 1888.

La composition de la solution employée était assez éloignée de celle de l'eau de mer normale : elle contenait pour 4 litres d'eau :

Chlorure de sodium...	81 grammes.
Sulfate de magnésie...	7
Chlorure de magnésium.......................................	10
Chlorure de potassium.......................................	2

Il fallait, en effet, être certain que les animaux mis en observation résisteraient à quelques modifications accidentelles du mélange employé, qui, pour être économique, devait être fabriqué avec des produits industriels dont on ne pouvait espérer une grande pureté.

Douze huîtres d'Arcachon furent d'abord mises en observation; au bout d'un mois, une seule était morte; les dernières survivantes avaient vécu *cinq mois*. Ces essais furent renouvelés avec des huîtres de diverses provenances; ils réussirent plus ou moins

---

[1] Environ 48,000 francs, dit-on.

suivant l'état de vigueur des animaux, qui tous étaient achetés au marché, c'est-à-dire dans les plus mauvaises conditions, et suivant la quantité plus ou moins grande d'organismes développés sur les coquilles. Celles-ci devaient être brossées et lavées avec soin pour assurer une bonne conservation; on pouvait alors compter sur un mois de vie en bonne santé pour la plupart des individus. Les seules précautions à prendre étaient de sortir les mollusques de l'eau de temps en temps, d'aérer l'eau tous les deux ou trois jours et de la changer quand elle était salie.

Divers autres lamellibranches, des peignes (*Pecten Jacobœus*), des bucardes (*Cardium edule*), des clovisses (*Tapes decussatus*), des praires (*Lutraria oblonga*) ont été conservés de la même façon; les clovisses et les praires se conservaient facilement plus de deux mois.

Il était donc certain que l'installation économique d'un aquarium marin au quai d'Orsay avait des chances sérieuses de réussir. Il s'agissait d'alimenter d'eau de mer artificielle six grands bacs dont quatre avaient chacun 10 mètres de long et 1 m. 50 de large et deux une longueur moitié moindre. Chaque bac devait contenir environ 3 décimètres de hauteur d'eau.

La composition du mélange salin fourni par la maison Poulencq frères fut arrêtée de la manière suivante, pour 3 mètres cubes d'eau :

Sel marin brut..	79 kilogr.
Chlorure de magnésium..	11
Chlorure de potassium..	3
Sulfate de magnésie..	5
Sulfate de chaux	2

Le prix d'un pareil mélange est de 26 fr. 50 les 100 kilogrammes. Étant donnée la résistance qu'avaient montrée les huîtres de toutes provenances conservées dans des aquariums de petite dimension, on pouvait espérer que les animaux vivraient plusieurs semaines dans la même eau, à la condition de la relever tous les deux ou trois jours et de la renvoyer dans les bassins après l'avoir soigneusement filtrée.

Cette dernière partie de l'opération devait être confiée à un exposant, M. MAIGNEN, inventeur d'un filtre à l'amiante et au noir animal qui réunissait toutes les qualités de rapidité de filtration et d'épuration physique désirables. Il était, du reste, prévu que les conditions d'aération, de filtration et de renouvellement de l'eau devaient être modifiées si l'expérience en grand ne répondait pas, comme il fallait s'y attendre, aux résultats fournis par les expériences de laboratoire. On ne pouvait espérer, en effet, se trouver dans les mêmes conditions. Des animaux de provenance et de résistance diverses, arrivant à Paris, par les mois les plus chauds de l'année, après un long voyage, à l'époque même de la reproduction, où la mortalité est si grande dans tous les parcs, étaient évidemment plus difficiles à acclimater que ceux sur lesquels nous avions opéré en automne et en hiver.

Au moment de l'ouverture du pavillon d'ostréiculture ces prévisions ne furent que trop justifiées. Toute sommaire qu'elle fût, l'installation du pavillon de la classe 77 avait épuisé les fonds du comité. La Marine avait placé les bassins d'eau de mer artificielle sous la garde de trois de ses agents : MM. Le Gallo, garde-pêche, Le Méné et Baille, inspecteurs des pêches, qui se sont acquittés de leurs fonctions avec le plus grand dévouement; mais, chaque exposant étant propriétaire de son bac, maître de l'agencer à sa façon, il était impossible que toutes les conditions d'une bonne hygiène pour l'huître fussent uniformément et rigoureusement observées. Certains bassins furent littéralement bourrés de coquillages qui arrivaient n'ayant subi que le nettoyage sommaire qu'on leur fait subir pour la vente. Des bouquets de portugaises abritant toutes sortes d'animaux déjà morts avant d'être mis en chemin de fer; des tuiles couvertes de naissain, mais aussi d'éponges, d'ascidies, de vers en pleine décomposition furent installés par quelques exposants côte à côte avec des huîtres parfaitement saines et propres; dans la plupart des cas, les huîtres, en arrivant, expulsaient leur naissain, trop délicat pour résister à un brusque changement de milieu, souvent déjà mort et voué à une rapide putréfaction. Comme au début de toute opération de ce genre, ainsi que cela arrive même dans les laboratoires maritimes les mieux outillés, au moment de leur installation, la mortalité fut considérable. Cependant divers lots d'huîtres, appartenant notamment à Mlle Guézennec, de Lézardrieux; à MM. Grenier père et fils, d'Arcachon; à M. Lévêque, de Saint-Vaast-la-Hougue; à M. Gestalin, du Belon; au Syndicat d'Auray, vécurent de trois à cinq semaines dans ces conditions éminemment défavorables.

La Marine voulut bien supporter le surcroît de dépenses que nécessiterait le complément d'installation, ajourné faute de fonds jusqu'au moment où son absolue nécessité serait reconnue indispensable. Dès lors le service des bassins fut établi de la façon suivante : l'eau de mer artificielle était fabriquée dans deux grandes cuves en ciment, qu'un système convenable de conduits permettait de relier ensemble ou séparément aux bassins, soit directement, soit au travers d'une batterie de filtres Maignen. Les bassins étant remplis au matin de la quantité d'eau nécessaire, un ventilateur d'Anthonay, actionné par un moteur à air chaud de la force de 4 chevaux gratuitement prêté par l'inventeur, M. Besnier, soufflait, par cent becs, de l'air dans les bassins, durant trois heures le matin et trois heures l'après-midi. La nuit, les cuves étaient ouvertes et laissaient couler de l'eau filtrée dans les bassins. Des trop-pleins avaient été pratiqués dans les bondes de ceux-ci, et l'eau, quand elle avait dépassé leur niveau, s'écoulait par un système de canaux qui l'amenait dans deux tonnes ayant chacune 800 litres de capacité. Le matin on ramenait dans les cuves l'eau qui remplissait les tonnes et qui ne revenait dans les bassins qu'après avoir été filtrée.

Ainsi, pendant le jour, les huîtres avaient constamment de l'eau saturée d'air à leur disposition; la nuit, elles recevaient de l'eau filtrée, qui s'aérait en coulant des robinets; la disposition des robinets, des trop-pleins et des glaces des bassins assurait d'ailleurs le renouvellement de l'eau par en bas et empêchait toute stagnation. Il était impossible de réaliser de meilleures conditions hygiéniques. En prenant soin de nettoyer complètement la surface des coquilles et de placer les huîtres à 1 décimètre environ de distance les unes des autres, on réussit rapidement à limiter la mortalité à la proportion normale. La moyenne de la vie des huîtres fut de cinq semaines, bien éloignée des cinq mois que nous avions obtenus dans d'autres conditions, mais suffisante pour assurer à peu de frais le succès de l'Exposition. La dépense d'eau de mer, qui avait atteint environ 48,000 francs en 1878, fut réduite à 1,100 francs. Il résulte de cette expérience faite sur une échelle étendue que l'eau de mer artificielle peut être avantageusement employée à la conservation des huîtres dans les localités éloignées de la mer, et c'est là un point qui n'est pas sans intérêt au point de vue de l'extension de débouchés qui ne sont pas encore en rapport avec la production [1].

Deux centres de production ostréicole se distinguent par l'importance de leurs établissements, le bassin d'Arcachon et le bassin d'Auray. Les ostréiculteurs de chacune de ces deux régions ont solidarisé leurs efforts, et c'est sous la forme de deux syndicats généraux qu'ils se sont présentés à l'Exposition.

Le syndicat d'Arcachon proprement dit ne comprend pas tous les établissements situés sur le littoral du bassin. Deux autres syndicats, celui de la Teste et celui des marins de Gujan, comptent parmi les exposants de cette région. Tous ensemble représentent un total d'environ 900 parqueurs qui ne possèdent eux-mêmes qu'une partie des établissements distribués sur cette côte florissante. On évalue aujourd'hui à près de 4,000 le nombre des détenteurs entre lesquels sont répartis les 6,000 hectares de parcs actuellement en exploitation dans le bassin d'Arcachon. Si l'on rappelle qu'en 1859, lorsque Coste organisa dans le bassin les deux établissements modèles qu'ont dirigés MM. Blandin, commissaire de l'inscription maritime, et Blandin, lieutenant de vaisseau, le nombre total des concessions était de 112 pour 400 hectares de terrain, on pourra apprécier quelle fortune l'ostréiculture a apportée dans cette région privilégiée. Arcachon envoie aujourd'hui du naissain à presque tous les centres ostréicoles, fournit presque exclusivement les établissements du quartier de Marennes, et ses importations en Angleterre sont considérables. Le nombre total des huîtres livrées à la consommation et à l'élevage est de plus de 300 millions. Un pareil résultat n'a pas été obtenu sans une longue suite d'efforts. En fait, c'est tout un outillage, toute une tradition que les parqueurs d'Arcachon ont créés.

Le jury des récompenses a voulu reconnaître cet effort considérable, ces résultats importants, en récompensant la personnalité collective sous laquelle les syndicats d'Arcachon, de la Teste, de Gujan Mestras et les autres ostréiculteurs de la région ont

[1] Les résultats de cette expérience ont été communiqués à l'Académie des sciences (voir *Comptes rendus des séances de l'Académie des sciences*); ils ont été présentés par M. Chabot-Karlen à la Société nationale d'agriculture. (Séance du 23 octobre 1889.)

figuré à l'Exposition. C'est à cet ensemble d'industriels, qui ont adopté eux-mêmes la dénomination d'Union syndicale des ostréiculteurs et parqueurs d'Arcachon, que le jury de la classe 77 a accordé l'un de ses grands prix.

Le bassin d'Auray est, comme celui d'Arcachon, un centre de production et un centre d'élevage; il possède, en outre, des bancs naturels qui, en 1885, n'ont pas fourni moins de 8 millions de belles huîtres. Bien que quelques-uns des parcs remontent à 1860, l'ostréiculture n'a pris que depuis une vingtaine d'années un grand développement à Auray. C'est seulement en 1880 qu'a été fondée la *Société ostréicole du bassin d'Auray*. Elle comprend aujourd'hui quarante membres titulaires, trois correspondants; ses parcs occupent une superficie de 147 hectares; ils contiennent 80 millions d'huîtres et occupent 3,600 ouvriers. La Société, fort sagement administrée, a fondé un bulletin très apprécié, qui paraît depuis 1881 et publie tout ce qui est de quelque intérêt pour la région. L'importance d'Auray, comme centre de production en quelque sorte intégrale; le remarquable esprit d'initiative dont les ostréiculteurs de cette région ont fait preuve; les beaux produits qu'ils ont exposés, produits de qualité supérieure, ont déterminé le jury à accorder également un grand prix à la Société ostréicole du bassin d'Auray.

La prospérité du bassin d'Auray et d'Arcachon est le résultat d'une véritable collaboration à laquelle ne pourraient se soustraire, alors même qu'ils le désireraient, des hommes qui travaillent côte à côte, en plein air, qui vivent dans les mêmes préoccupations, qui ressentent les mêmes besoins et chez qui l'exemple des voisins suscite une perpétuelle émulation. S'il est juste de reconnaître les heureuses conséquences de cette collaboration naturelle, il ne l'est pas moins de récompenser dans cette collectivité les efforts individuels qu'il est permis de distinguer, les groupements volontaires de forces et de moyens d'action. Dans le bassin d'Arcachon, il existe trois groupements secondaires, en réalité indépendants les uns des autres, savoir : le *Syndicat des ostréiculteurs de la commune de la Teste*, le *Syndicat des marins ostréiculteurs et pêcheurs de Gujan Mestras*, la *Société ostréicole du bassin d'Arcachon*. Le premier de ces syndicats est le plus nombreux; il a été fondé le 15 juillet 1885 et comprend déjà 400 parqueurs. A côté de lui, ou plutôt dans son sein, s'est formée le 15 novembre 1886 une *Société coopérative des ostréiculteurs de la Teste*, qui est actuellement présidée comme lui par M. le docteur Lalanne, et qui a pour objet la vente en commun des produits des parcs des adhérents. Le Syndicat des marins de Gujan est à peine moins important numériquement, il comprend 350 membres. La Société ostréicole du bassin d'Arcachon compte 150 membres. A chacune de ces associations qui, chacune pour sa part, contribue à la prospérité de notre plus grande station ostréicole, le jury de la classe 77 a pensé qu'il était juste d'accorder une médaille d'or.

Le jury avait encore à récompenser dans cette même région des hommes qui, à des titres divers, peuvent être considérés comme les créateurs des pratiques ostréicoles en usage dans la région. Le plus ancien de tous est M. François Grenier, qui s'est associé son fils M. Georges Grenier. MM. Grenier exploitent sept concessions, comprenant ensemble 12 hect. 25 ares, qui ont été aménagées de 1870 à 1888. M. Grenier a exposé le plan relief de l'un de ces établissements, où ont été disposées méthodiquement les caisses et claires que les huîtres traversent depuis l'état de simple naissain jusqu'à celui d'huîtres adultes. On doit à M. Grenier l'invention des *claires blindées*, sortes de réservoirs rectangulaires, limitées par des murailles de 0 m. 30 de hauteur, revêtues sur toutes leurs faces de tuiles qui en empêchent l'éboulement. C'est dans ces claires blindées que les jeunes huîtres sont déposées après le déparquage; elles y prospèrent à l'abri de toutes les causes de destruction auxquelles elles étaient exposées lorsqu'on se bornait à les jeter sur le sol.

M. Grenier a su en outre tirer habilement parti des terrains élevés, ordinairement abandonnés par les ostréiculteurs parce que les eaux n'y séjournent pas assez longtemps pour permettre le développement rapide des huîtres. En fixant des vannes entre des digues ou clayonnages formés de piquets et de brandes, garnies de sable, vannes que la mer montante repousse devant elle et qui se ferment d'elles-mêmes quand la mer descend, il retient l'eau dans ces parcs et en fait ainsi des lieux privilégiés d'engraissement. Il est évident que c'est là un procédé d'une application générale et qui constitue un progrès économique de réelle importance. M. Grenier n'est donc pas seulement un ostréiculteur habile; c'est un inventeur qui a rendu les plus grands services à l'industrie ostréicole dans le bassin d'Arcachon. Le jury lui a attribué une médaille d'or. Il avait en outre pensé qu'il était d'un salutaire exemple de récompenser plus hautement encore en M. Grenier le doyen des ostréiculteurs de notre plus important centre de production, et il avait émis le vœu que la croix de la Légion d'honneur lui fût accordée. Par une mesure profondément regrettable et difficile à interpréter autrement que comme un oubli qu'il serait important de réparer, toute récompense de cet ordre a été refusée à l'industrie ostréicole.

MM. Dasté père et fils et Mme veuve DE Grangeneuve ont eux aussi de remarquables exploitations. Elles s'étendent sur une superficie de 36 hect. 40 et occupent un très nombreux personnel. Les huîtrières de N.-D. d'Arcachon contiennent 8 à 10 millions d'huîtres de l'année en caisses, 6 à 8 millions d'huîtres de deux ans. Les parcs de la Société centrale des naufragés, dont MM. Dasté et Mme de Grangeneuve sont fermiers, contiennent 1 million d'huîtres gravettes de sol, 1 million d'huîtres portugaises, 6 millions d'huîtres de détroquage de l'année, larguées en claires blindées. 3 millions d'huîtres sont en outre élevées dans le Parc-à-Richard. La production totale de MM. Dasté et de Mme veuve de Grangeneuve s'élève à 8 ou 10 millions d'huîtres de l'année, et à 6 ou 8 millions d'huîtres de deux à trois ans; ces ostréiculteurs contribuent en outre, pour leur part, au repeuplement de la baie de Bourgneuf dans l'île de Noirmoutiers, et ils collaborent avec M. de Saint-Martin, maire du Cap-Breton, à l'entretien d'un parc dans l'étang d'Ossegor. Il y a dans ces exploitations diverses une intelligente et féconde activité qui a été récompensée d'une médaille d'or par le jury.

Le jury a attribué la même récompense à M. Vidal-Duplessis, président de l'Union syndicale, qui est entré dans l'ostréiculture en 1873 et a mis successivement en exploitation 5 hectares de crassats au Canelon et aux Jalles. M. Vidal-Duplessis pose chaque année de 25,000 à 30,000 collecteurs; il élève de 8 à 10 millions d'huîtres en caisses, d'une qualité supérieure, et a mis cette année même en exploitation 4 hectares de concession dans la baie de Bourgneuf.

Certaines situations géographiques sont privilégiées, au point de vue de la production ostréicole. Telles sont les plages du cap Ferret, où M. Émile Baleste, charpentier à Gujan, s'est établi. M. Baleste a le mérite d'avoir su utiliser ces heureuses conditions; son parc n'a pas plus d'un hectare, mais il produit des huîtres qui comptent parmi les plus belles du bassin. En accordant une médaille d'argent à M. Baleste, le jury a fait la part des soins qu'il donne à son industrie et des conditions heureuses dans lesquelles il a eu le bonheur d'être placé.

C'est également pour la perfection de ses élevages qu'une médaille d'argent est attribuée à M. Pierre Denay, d'Arcachon, qui livre au commerce environ 1 million d'huîtres par an.

Le jury a distingué, parmi les expositions du quartier d'Auray, celles de MM. Ezanno, de Carnac (Morbihan); Vincent, président de la Société ostréicole du bassin d'Auray; Cornilleau, de la Trinité-sur-Mer (Morbihan); le vicomte de Wolbock, de Kercado, près la Trinité-Carnac (Morbihan); Baudet, maître au cabotage à Larmor-Baden (Morbihan); Blancho, de Iniz-bihan, commune de Locmariaquer.

Il a attribué une médaille d'or à M. Ezanno et à M. Vincent; une médaille d'argent à M. Cornilleau et à M. le vicomte de Wolbock; une médaille de bronze à M. Baudet et à M. Blancho.

M. Ezanno a été l'associé et le collaborateur de l'un des ostréiculteurs les plus habiles et les plus connus, le docteur Gressy. Ce fut l'un des propagateurs les plus actifs de la méthode de chaulage des tuiles destinées à la récolte du naissain, méthode indiquée dès 1862 par le docteur Kemmener, et qui consiste à enduire les tuiles d'un mélange de chaux et d'argile suffisamment résistant pour adhérer à la tuile, mais facile à écailler, ce qui permet d'enlever le naissain sans le blesser. Il semble que le docteur Gressy soit arrivé à ce résultat sans connaître les travaux de M. Kemmener. Le docteur Gressy a d'ailleurs imaginé un autre procédé de détrocage qui consiste à casser la tuile sous chacune des jeunes huîtres et à laisser un tesson assez vo-

lumineux attaché à chaque coquille. Ce tesson protège le jeune mollusque contre la
voracité des poissons et peut-être même d'autres animaux, tout en lui donnant plus
de stabilité; il dispense de placer les jeunes huîtres dans des caisses protectrices qui
étaient autrefois coûteuses, mais dont l'emploi s'est aujourd'hui généralisé. On doit
au docteur Gressy plusieurs autres innovations : l'emploi de petites claires simplement
creusées dans la vase des parties hautes du rivage et qui demeurent pleines à marée
basse; des essais de verdissement des huîtres, tentés en les plaçant dans des bassins
creusés dans le roc et insubmersibles; l'idée de placer les tuiles collectrices d'abord
dans les zones hautes, puis, à partir de juillet, dans les zones basses, de manière
à éviter leur envahissement par le monde d'ascidies qui les recouvre d'ordinaire. Le
docteur Gressy a encore rendu aux parqueurs un grand service en leur donnant le
moyen de consolider la vase qui forme le fond des parcs et d'en faire disparaître les
zostères[1] à l'aide du macadamisage et du drainage; enfin il s'est établi le premier
dans l'anse du Pô, qu'il a ainsi conquise à l'ostréiculture. M. Ezanno a su ne pas laisser
péricliter entre ses mains l'œuvre de son éminent associé, mort en 1885. Ses parcs
contiennent actuellement 6 millions d'huîtres et occupent, au moment des travaux,
100 ouvriers.

Les établissements de M. Vincent, vice-président de la Société ostréicole du bassin
d'Auray, remontent à 1874; ils couvrent une superficie de 8 hect. 79. La production
annuelle est d'environ 8 millions d'huîtres. Ce n'est qu'au prix d'une lutte énergique
que M. Vincent est arrivé à constituer ses parcs; les terrains sur lesquels il les a établis
étaient des vases molles qu'il fallut d'abord essayer de consolider en y déversant de
grandes quantités de sable; elles furent alors envahies par les arénicoles, vers marins,
semblables à de gros lombrics, dont la présence est un fléau pour le développement
des huîtres qu'ils recouvrent de leurs déjections. M. Vincent se décida alors à faire sur
ses parcs un empierrement de 0 m. 20 d'épaisseur avec de petits cailloux très fortement pilonés. Les parcs sont d'ailleurs entourés de murets en planches et en vase qui
retiennent la quantité d'eau nécessaire pour couvrir les huîtres et les protéger contre
l'action pernicieuse des températures extrêmes. Des portes, s'ouvrant sous l'action de
la marée montante, permettent d'établir dans les parcs des courants favorables à la
pousse des huîtres.

En dehors des parcs, sur une longueur de 400 mètres, attachées à des piquets reliés
par des traverses, sont disposées 1,000 caisses destinées à l'élevage de 2 à 3 millions
de naissain chaque année, qui passent ensuite dans les parcs.

M. Vincent se défend contre les crabes en entourant ses parcs d'un grillage de

[1] Les zostères sont des plantes phanérogames,
monocotylédones, bien différentes des algues ou va-
rechs, parmi lesquelles leur couleur vert-clair et leurs
feuilles en rubans, semblables à celles du blé, les fait
immédiatement reconnaître. Elles forment de vérita-
bles prairies sous-marines, où habitent une foule d'animaux nuisibles aux huîtres. Ces prairies sont connues
en Normandie sous le nom d'*herbier* ou de *gressier*.

o m. 4o surmonté d'une planche horizontale qui s'oppose au passage de ces animaux; 15o pièges à crabes, amorcés avec des débris de poissons, sont, en outre, tendus autour du grillage.

Dans le golfe du Morbihan, l'huître est d'excellente qualité, mais n'acquiert guère qu'une taille de o m. o6, qu'elle dépasse facilement dans d'autres localités. M. Vincent a réussi à obtenir des huîtres de plus grande taille en les plaçant dans un chenal parcouru par un courant continu d'eau de mer mélangée d'eau douce; il a alors établi dans le chenal de Campen 8oo caisses portant sur des pieds pour éviter leur ensablement, et où les huîtres, du mois de mai à la fin d'octobre, acquièrent o m. o2 à o m. o3 de pousse et un engraissement convenable.

L'établissement à la tête duquel se trouve actuellement M. Cornilleau, et qui prospère entre ses mains, a un nom dans l'histoire de l'ostréiculture du bassin d'Auray : il fut fondé par Eugène Le Roux, capitaine au long cours, à qui on doit l'invention des collecteurs en bouquet ou en champignon. La vase est le grand ennemi du naissain dans la rivière de la Trinité-sur-Mer. Eugène Le Roux imagina de réunir les tuiles collectrices en un bouquet à l'aide d'un fil de fer passé dans un trou pratiqué à l'une des extrémités de la tuile; le bouquet était ensuite suspendu à l'extrémité d'un pieu assez solidement planté en terre pour résister aux tempêtes. Grâce à cet artifice, la récolte du naissain est devenue facile dans la rivière de la Trinité.

M. Cornilleau exploite :

1° Dans la rivière de Crach, quatre parcs fondés de 1862 à 1868 et occupant une superficie totale d'environ 8 hectares;

2° Un parc de 8o ares dans la rivière d'Auray, concédé en 1881;

3° Un parc de 8o ares dans l'Île-au-Moine, concédé à la même époque.

Ces parcs sont divisés en parcs de reproduction, parcs pour caisses « ostréophiles » contenant le naissain, parcs d'étendage où sont placées les huîtres à la sortie des caisses. Les parcs à caisses contiennent 6 millions de naissain détroqué; ces 6 millions, par suite de la mortalité, se réduisent à 2,500,000 dans les parcs d'étendage. Chaque année, 400,000 tuiles sont posées pour la récolte du naissain; mais la quantité de naissain recueillie varie beaucoup d'une année à l'autre : elle a été de 2o millions de petites huîtres en 1887, de 2 millions seulement en 1888.

L'établissement de M. Cornilleau est certainement l'un des établissements les plus importants du quartier d'Auray; il était, à la vérité, fondé avant M. Cornilleau, mais il a conservé entre les mains de son nouveau propriétaire toute son ancienne valeur.

Les établissements de M. de Wolbock jouissent d'une réputation déjà ancienne; leurs produits ont obtenu dans tous les concours des récompenses méritées. Fondés en 1865 par M. le baron de Wolbock, père de leur propriétaire actuel, avec l'assistance scientifique de M. Coste, ils ne sont arrivés à leur état actuel de prospérité qu'au prix des plus grands sacrifices de temps, d'argent et de peine. Ces établissements, situés à Kercado, près la Trinité-Carnac (Morbihan), occupent une superficie de 9 hect. 97, auxquels peuvent être annexés 45 hectares de bassins fermés par une digue insubmersible. Ils occupent environ 80 personnes et contiennent à peu près 20 millions d'huîtres d'élevage, dont ·3 millions sont livrées chaque année à la consommation. Les huîtres, fournies à l'état de naissain par près de 300,000 collecteurs, sont nourries en caisses jusqu'à dix-huit mois, placées dans des claires jusqu'à la quatrième année, engraissées durant la quatrième et la cinquième année, d'où, dans les bassins, une rotation quinquennale, que M. le vicomte de Wolbock considère comme indispensable à la plénitude de l'industrie ostréicole.

Le jury n'avait pas à ajouter une récompense à celles que M. le baron de Wolbock a recueillies à toutes les expositions; il a voulu, en accordant une médaille d'argent à son successeur, reconnaître les progrès accomplis depuis qu'il est à la tête de cette importante exploitation. M. le vicomte de Wolbock a fondé, en effet, de nouveaux établissements dans la baie de Bourgneuf, à Noirmoutiers; il a armé des bateaux pour la pêche des homards et des langoustes; il a créé, pour ces crustacés, des parcs d'engraissement dans lesquels il réussit à porter, en six semaines, leur poids de 300 à 600 grammes.

L'établissement de M. BAUDET, à Larmor-Baden, celui de M. BLANCHO, dans la rivière d'Auray, ont chacun un peu moins de 3 hectares de superficie; ils remontent l'un et l'autre à 1874 et se recommandent par l'excellente qualité des huîtres armoricaines qu'ils livrent à la consommation; chacun d'eux livre à la consommation de 1 million à 1 million et demi d'huîtres par an. M. Blancho et M. Baudet produisent l'un et l'autre du naissain aussi bien que des huîtres marchandes.

Dans le quartier de Lorient, les exploitations de MM. CHARLES, à Keroman, et GESTALIN, dans la rivière de Belon, ont été jugées dignes chacune d'une médaille d'or.

MM. Eugène et Henry CHARLES sont les fondateurs des établissements qu'ils dirigent et qui remontent à 1861, c'est-à-dire à la période de début de l'ostréiculture. M. Eugène Charles, actuellement président de la chambre de commerce de Lorient, fut le premier à substituer aux fascines préconisées par Coste les tuiles qu'il plaçait dans des caisses à claire-voie avec les huîtres mères. On sait combien l'usage des tuiles s'est depuis répandu et quels services il a rendus. Ce fut l'un des éléments de succès des idées dont M. Coste s'était fait l'ardent promoteur. Bientôt M. Charles disposa les tuiles en ruches de 12 à 14, sur le sol même, donna au sol vaseux, sur lequel il opérait, une certaine consistance, en le couvrant de gravier et réussit à créer tout un système d'élevage dont les produits, dénommés par lui *huîtres armoricaines,* furent vite appréciés. Ce nom a été depuis appliqué indifféremment à toutes les huîtres bretonnes.

M. Charles paraît aussi être arrivé, indépendamment des autres ostréiculteurs qui revendiquent cette invention, à la pratique du chaulage des tuiles collectrices. Il employa d'abord à cet usage un mélange à parties égales de sable et de chaux hydraulique; il a été conduit ensuite à n'employer que de la chaux hydraulique pure. Depuis cette époque, MM. Charles ont mis leurs tuiles en cheptel, en quelque sorte, chez divers ostréiculteurs de la rivière d'Auray, se consacrant entièrement à l'élevage. Ils exploitent aujourd'hui sept parcs ou réservoirs occupant en tout une superficie de 6 hect. 63 et contenant 1,500,000 huîtres prêtes pour la consommation. La valeur des huîtres vendues depuis vingt-huit ans par MM. Charles atteint près de 3 millions de francs.

La maison de M. Gestalin, maire de Riec-Belon (Finistère), est plus récente. Après avoir été en quelque sorte le banquier et l'intermédiaire des petits parqueurs déjà établis dans la rivière de Belon, M. Gestalin se fit lui-même ostréiculteur. Ses premiers parcs ont été établis dans la rivière de Belon en 1879. Les huîtres y acquièrent d'excellentes qualités, et le meilleur éloge qu'on puisse faire de leur aménagement c'est qu'ils contenaient, dix ans après leur fondation, 8 millions d'huîtres de toutes tailles. M. Gestalin fournit, en outre, du naissain à une foule d'ostréiculteurs établis comme lui dans la rivière de Belon, de sorte que l'ensemble des parcs que l'on peut considérer comme alimentés par son naissain occupe une superficie de près de 10 hectares et fournit annuellement au commerce plus de 5 millions d'huîtres. Ces huîtres se vendent en moyenne 38 fr. 76 le mille.

Nous arrivons maintenant à la région si réputée de Marennes. La liste des récompenses qui lui ont été attribuées comprend :

1 médaille d'or à M. Élisée Gémon, ostréiculteur à la Tremblade.

1 médaille d'argent à M. Salmon, d'Estaules.

7 médailles de bronze à MM. Arcouet, d'Arvert; Daimé, de Marennes; Fonteneau, d'Arvert; Nadeau, de Marennes; Pagot, d'Arvert; Pastourel, de la Tremblade; Regner, au Chapus.

M. Gémon exploite un établissement de premier ordre, fondé en 1848 sur les bords de la Seudre. La valeur des huîtres entretenues annuellement dans ses parcs et claires dépasse 200,000 francs.

L'établissement de M. Salmon est moins important, mais contient encore plus d'un million d'huîtres; il date de 1840. Les autres parcs sont tous plus récents et de moindre étendue. Marennes n'est d'ailleurs pas un centre de reproduction, mais un centre d'élevage. Les huîtres y viennent d'Oléron, d'Arcachon ou de Bretagne. Elles sont d'abord déposées dans des viviers situés sur la grève, submergés à la haute mer et entourés de murs de pierre de 0 m. 20 de hauteur; ces viviers peuvent être suppléés par des dépôts établis sur les platins vaseux du littoral et limités par des branches de tamarix fixées dans la vase; elles passent de là dans les claires à verdissement situées au-dessus du niveau des mortes-eaux, dans une région où la mer n'arrive qu'un certain nombre de jours par maline. Avant l'expédition, elles séjournent dans des lavoirs bitumés ou sablés dans lesquels elles achèvent leur épuration.

Tous les établissements de la Tremblade et de Marennes sont sensiblement conçus sur le même type.

Le quartier des Sables-d'Olonne est aussi l'un de ceux où l'ostréiculture date de l'initiative de Coste. On avait d'abord espéré faire des Sables un centre de reproduction, il fallut y renoncer et se borner à l'élevage, qui donne les meilleurs résultats et des huîtres de qualité supérieure. C'est au perfectionnement des parcs dans ce sens que s'appliqua plus spécialement le docteur Henry Leroux. Les parcs créés par cet ostréiculteur distingué sont, depuis 1885, entre les mains de M. Sigogneau, et occupent une superficie de 7 hectares.

M. Rousseau-Méchin est un ostréiculteur plus ancien; il a fondé lui-même les établissements qu'il exploite et qui s'étendent sur une superficie de 6 hectares. Comme M. Sigogneau, il élève environ 3 millions d'huîtres par an. Le jury a décerné une médaille d'or à M. Rousseau-Méchin et une médaille d'argent à M. Sigogneau. Il a récompensé d'une médaille de bronze M. Loisel, détenteur depuis 1875 d'un parc d'un hectare seulement, mais dont l'exploitation prospère prendra sans doute avant peu plus de développement.

Dans le quartier de Dax, l'étang d'Ossegor ou Hossegoor, reste de l'ancien lit de l'Adour, aujourd'hui mis en communication avec la mer par un beau canal de 80 mètres de large, est devenu un centre ostréicole digne d'intérêt. Les premiers essais d'ostréiculture y furent faits en 1876 par M. de Saint-Martin, dont les intérêts sont aujourd'hui associés à ceux de Mᵐᵉ Vᵛᵉ de Grangeneuve, également copropriétaire des parcs du bassin d'Arcachon, récompensée d'une médaille d'or, sous la raison sociale de Grangeneuve et Dasté. M. de Saint-Martin n'a réussi qu'au prix d'une lutte opiniâtre, dans laquelle succombèrent 42 parqueurs; il élève aujourd'hui 2 millions et demi d'huîtres achetées dans le bassin d'Arcachon et le jury a récompensé sa persévérance en attribuant une médaille d'argent aux parcs Saint-Martin et de Grangeneuve. Il récompense d'une médaille d'or MM. Bernette et Desclaux qui ont lutté comme lui, et ont introduit dans la région l'usage de caisses à fond et à couvercle en toile métallique à mailles larges. Ces caisses, adoptées par M. de Saint-Martin lui-même et transportées depuis dans le bassin d'Arcachon, ont donné d'excellents résultats. Si M. de Saint-Martin a introduit l'ostréiculture dans l'étang d'Hossegoor, MM. Bernette et Desclaux y ont les premiers appliqué, après divers tâtonnements, des procédés d'élevage qui la rendent rémunératrice.

C'est aussi le succès de l'introduction de l'ostréiculture dans une région nouvelle que le jury a entendu récompenser en attribuant une médaille d'or à M. Constant Lévêque, de Saint-Vaast-la-Hougue.

Trois claires à huîtres, dans l'anse du Cul-de-Loup, entre le fort de la Hougue et Morsalines, mesurent respectivement 33 ares, 36 ares et 1 hect. 18.

La plus ancienne concession date du 11 avril 1882.

Les premiers essais d'ostréiculture à Saint-Vaast ont été faits par l'administration de la Marine, en 1878, sous la direction de M. le commissaire général Laurent. Les résultats obtenus dans deux petites claires de 100 mètres carrés chacune, avec murailles en briques et aires en ciment, provoquèrent la demande de 22 concessions : 350,000 francs de capitaux furent engloutis; deux concessionnaires subsistèrent seuls.

M. Lévêque a substitué au système de la Marine, trop coûteux (50,000 francs par hectare), de simples cloisons en planches de 0 m. 03 d'épaisseur, bouvetées, coaltarées et fixées sur des piquets de chêne, espacées de mètre en mètre; trois planches superposées, enfoncées dans le sol, servent de fondation; les planches de fondation ne s'altèrent pas; les planches en saillie durent huit ans. Les claies sont fermées par des portes à clapet que la mer ouvre en montant et ferme en descendant.

Le prix de revient des murailles des claires a été ainsi abaissé dans la proportion de 30,000 à 5,000 francs; 4,000 francs ont pu être économisés par hectare par la suppression du pavage des murailles rendu nécessaire par l'absence de portes à clapet dans les anciennes constructions. Un des fléaux des parcs à huîtres est l'arénicole contre lequel on avait employé le cimentage du sol des parcs. M. Lévêque a réussi à s'en débarrasser en faisant enlever la couche de sable dans laquelle s'établissent les arénicoles et une couche de coquilles sous-jacente dont M. Lévêque attribue la formation aux arénicoles eux-mêmes. Cette couche repose à Saint-Vaast sur une couche de glaise molle que M. Lévêque transforme en un sol parfait en la faisant tout simplement galeter. En outre, M. Lévêque a imaginé d'ingénieuses dispositions pour protéger ses parcs contre l'envasement qu'amènent toujours à Saint-Vaast les vents du Nord-Est. Grâce à toutes ces intelligentes modifications des procédés de culture en usage, il est parvenu à rendre rémunératrice une industrie abandonnée par beaucoup de ses confrères, qui n'auront qu'à la reprendre ainsi perfectionnée pour y retrouver la prospérité.

Le nettoyage artificiel est inutile dans les parcs de la Balise. Dans ces parcs, 1 million de naissains, coûtant à Larmour-Baden, à la Trinité ou à Auray 3 francs le mille, donnent au bout d'un an 900,000 huîtres qu'on transporte dans de nouveaux parcs où elles se réduisent à 600,000; elles sont marchandes, en deux ans, au prix de 45 francs et peuvent atteindre le prix de 70 francs le mille.

Mlle Guézennec (Annette), de Lézardrieux (quartier de Paimpol), sage-femme, récompensée d'une médaille d'argent, possède six parcs créés de 1873 à 1884, ayant une superficie totale de 85 ares 74 centiares, habilement défendus contre l'envasement. Elle y élève des huîtres de diverses provenances, la plupart recueillies à la drague.

Actuellement il y a dans ses parcs :

	d'Auray	400,000
Huîtres	de Tréguier	400,000
	de Trieux	600,000

Les huîtres, achetées de 1 fr. 50 à 3 fr. 50 le cent, sont revendues 5, 6, 7 et 8 francs, suivant qu'elles ont 5, 6, 7 ou 8 centimètres. La vente atteint 400,000 huîtres par an. Sept ou huit femmes, travaillant cinq jours par mois, deux gardiens de nuit constituent tout le personnel; mais Mlle Guézennec tend à étendre son industrie, et ses huîtres sont remarquables par leur beauté, la propreté de leur coquille, la régularité de leur forme et leur parfaite résistance aux longs voyages. Elles ont obtenu partout où elles ont été exposées de précieuses récompenses.

Mme veuve CORLOUER et son fils représentent une des plus anciennes maisons d'ostréiculture. Ses parcs de la rivière de Tréguier remontent à 1837; ils ont une contenance de 75 ares et livrent au commerce de 600,000 à 700,000 huîtres par an. Ces huîtres sont grasses et d'excellente qualité.

M. LECART, capitaine au long cours, possède à la pointe de Bondu 6 parcs ayant une superficie de 4 hect. 77, et produisant des huîtres de Pénef de qualité supérieure.

M. MORIN se livre avec succès, à Chaillevrette (Charente-Inférieure), à l'élevage, à l'engraissement et au verdissage des huîtres française et portugaise.

Des médailles d'argent ont été attribuées à Mme veuve Corlouer et fils, à M. Lecart, à M. Morin.

L'ostréiculture n'a pas encore donné dans la Méditerranée les brillants et importants résultats qui ont été obtenus sur les côtes de la Manche et de l'Océan.

Elle a eu pour promoteur sur nos côtes de Provence un homme dévoué entre tous, M. DE JOUETTE, qui s'est signalé par de nombreuses inventions à l'amélioration desquelles il s'est consacré avec une abnégation au-dessus de tout éloge.

A la Seyne, il a établi un radeau flottant de 1,000 mètres carrés divisé en 400 compartiments à 4 étages de 1 m. 20 au carré, de manière à favoriser la production de courants remarquablement propices à l'engraissement des huîtres. En Corse, il recueille le naissain sur des bouquets de coquilles de pinnes marines (*Pinna nobilis,* Linné) sur lesquelles le détroquage est facile. Ces inventions et d'autres encore autorisent à considérer M. de Jouette comme l'un des fondateurs de l'ostréiculture dans la Méditerranée. Le jury a exprimé son espérance que le plus brillant succès couronnera tant d'efforts, en décernant à M. DE JOUETTE une médaille d'argent.

Le jury se plaît enfin à reconnaître les efforts du syndicat ostréicole de l'Estrée, présidé par M. le comte d'Aviau de Piolent, efforts dont l'un des membres du jury, M. Chabot-Karlen, a été le témoin ému. Avec les plus faibles ressources, les marins unis dans ce syndicat sont parvenus à régulariser dans une certaine mesure la forme de l'huître portugaise, et à élever sensiblement ses qualités comestibles. L'huître de Portugal n'est pas, nous l'avons vu, sans rencontrer de nombreux adversaires. Plus rustique, plus féconde que l'huître plate, elle tend à se substituer à elle partout où les deux espèces s'établissent en concurrence. L'huître portugaise est moins belle et moins bonne; il faut donc se garder de mettre les deux espèces en lutte, et se borner à cultiver l'huître de Portugal là où l'huître plate ne peut venir. L'huître de Portugal, c'est l'huître à bon marché, et l'on en consomme à Paris beaucoup plus que l'on ne consomme d'huîtres plates.

L'ostréiculture étrangère n'était représentée à l'Exposition de 1889 que par deux importantes maisons de commerce, la maison Halavyck-Royon et Cie, d'Ostende; la Société de culture d'huîtres zélandaises dirigée par M. Hage, et ayant pour agent général en France M. Oudshoorn.

La maison Halavyck-Royon et Cie est trop connue pour qu'il soit nécessaire d'en parler longtemps dans ce rapport; la Société de culture des huîtres zélandaises se développe rapidement et a commencé à étendre ses opérations à toutes les phases de l'élevage de l'huître.. A chacune de ces deux maisons, qui ont brillamment représenté l'industrie ostréicole étrangère, le jury décerne une médaille d'argent.

La médaille d'or décernée à M. Durègne, directeur de la station zoologique d'Arcachon, mérite une mention spéciale.

Il ne s'agit plus ici d'un établissement industriel, mais d'un établissement scientifique, et l'on pourrait s'étonner de le voir inscrit sur les listes de la classe 77, alors que les stations zoologiques analogues ressortissaient au Ministère de l'instruction publique. Mais il ne faut pas oublier que l'ostréiculture et la pisciculture sont sorties d'un établissement scientifique au premier chef, le Collège de France; que si elles ont fait, entre les mains des praticiens, les plus rapides et les plus remarquables progrès, à chaque instant leur essor peut être enrayé par des difficultés que la science seule est en état de résoudre rapidement. Il est donc naturel que les établissements ostréicoles et piscicoles s'appuient sur des laboratoires exclusivement scientifiques, où des hommes rompus à toutes les méthodes de recherche peuvent attaquer de front et résoudre, avec la sûreté que donnent l'habitude d'observer et la connaissance des lois biologiques, les problèmes qui pourraient se poser. Je n'en veux pour exemples que les nombreuses discussions soulevées par la question du verdissement des huîtres de Marennes ou par celle du croisement de l'huître de Portugal avec l'huître plate. C'est en raison des services qu'un établissement scientifique bien aménagé peut rendre à l'industrie en même temps qu'à la science que la Société scientifique d'Arcachon a eu l'heureuse pensée de créer l'an dernier un laboratoire où les savants puissent trouver rassemblés tous les moyens de poursuivre leurs recherches, et où les industriels puissent trouver d'utiles indications et de précieux conseils. Elle a eu la bonne fortune de confier la création de cet établissement à un éminent et jeune ingénieur des télégraphes, M. Émile Durègne, ancien élève de l'École polytechnique, qui, par son intelligence, son savoir, son activité, s'est rapidement acquis dans le monde scientifique les sympathies les plus méritées. M. Durègne a mis à profit toutes les occasions de faire connaître la faune et la flore du bassin d'Arcachon et des régions voisines; il a organisé tout un service régulier d'envois d'animaux, même vivants, aux laboratoires des facultés et du Muséum d'histoire naturelle; il a libéralement donné à tous les investigateurs la plus généreuse hospitalité; on peut lire dans divers mémoires scientifiques l'expression de la reconnaissance de leurs auteurs pour l'habile et zélé directeur de la station zoologique si admirablement placée pour être utile à l'industrie au milieu de notre plus grand centre ostréicole, et d'autant plus digne d'intérêt qu'elle est uniquement due à l'industrie privée. C'était pour le jury un agréable devoir que de constater ces efforts et de donner à celui qui avait trouvé assez de dévouement à la science pour les accomplir la plus haute marque d'estime dont il pût disposer [1].

[1] Depuis l'époque de l'Exposition, M. Durègne, en raison des obligations que lui imposaient ses fonctions d'ingénieur de l'État, a dû abandonner la direction de la station zoologique d'Arcachon où il a eu pour successeur un jeune naturaliste, connu par d'importants travaux d'anatomie, M. le docteur Viallanes. Les heureuses traditions créées par M. Durègne ont été soigneusement conservées.

SECTION II.

PISCICULTURE.

Le Ministère de l'agriculture a pris sous sa haute protection la pisciculture en eaux douces, comme le Ministère de la marine a pris sous son patronage l'ostréiculture et les établissements ostréicoles.

Par ses écoles, par son haut personnel d'inspecteurs, par les encouragements donnés partout où cela a été possible aux essais d'élevage du poisson et à l'empoissonnement des rivières, le Ministère de l'agriculture a su maintenir les espérances qu'avaient fait naître les premières tentatives et relever les courages que quelques insuccès partiels avaient pu abattre. Il a voulu, comme le Ministère de la marine, contribuer au succès de l'exposition de la classe 77, non seulement en y prenant une part effective, mais encore en subvenant à une partie des dépenses qu'elle devait entraîner. Les deux Ministres de l'agriculture qui se sont succédé durant la préparation de l'Exposition, M. Barbe et M. Faye, M. le conseiller d'État Tisserand, directeur de l'agriculture, ont largement contribué à aplanir les difficultés du début, et le jury n'est que l'interprète des sentiments des exposants en leur donnant ici un témoignage de reconnaissance. Il est heureux de constater avec quel soin est donné l'enseignement piscicole dans les principales écoles d'agriculture, et de pouvoir associer au nom des écoles qu'il récompense celui d'un de ses membres les plus dévoués, M. Chabot-Karlen, chargé de l'inspection de cet enseignement pratique, si important à tant d'égards. Les expositions de l'Établissement d'application de Saint-Rémy (Haute-Savoie), celles des Écoles de Lézardeau (Finistère), de Beaune (Côte-d'Or), d'Ecully (Rhône), de la Piltière (Sarthe), de la Roche (Doubs), ont vivement frappé les membres du jury. Il y a là une œuvre d'ensemble remarquable par son unité, et dont l'initiateur est le Ministère de l'agriculture à qui le jury de la classe 77 a décerné l'un de ses grands prix.

Née en France, de la sagacité d'un pêcheur, Rémy, dont le nom est aujourd'hui célèbre, et de l'enthousiasme patriotique d'un homme de science éminent, M. Coste, la pisciculture française a su demeurer digne de ses fondateurs.

A l'Exposition de 1878, un magnifique aquarium d'eau douce, disposé de la façon la plus pittoresque, avait été aménagé sous la butte même du Trocadéro. La ville de Paris ne voulut pas laisser disparaître cette remarquable installation; pensant qu'elle pourrait servir à des recherches de pisciculture, elle y institua un laboratoire placé sous la direction d'un physiologiste bien connu, M. Jousset de Bellesme. Le jury de la classe 77 a vivement regretté de n'avoir pas été appelé à constater les résultats, sans doute importants, qui y ont été obtenus. Les opérations des jurys de classe étaient strictement limitées aux expositions inscrites au catalogue officiel. L'aquarium du Trocadéro ne figurait pas sur ce catalogue; aucune demande n'a été adressée par l'administration de cet établissement au Comité d'admission de la classe 77; aucune demande d'examen n'a été transmise au jury des récompenses. Le jury supérieur avait seul qualité pour passer outre; le jury de la classe 77, tout en exprimant son regret de n'avoir pas été appelé à émettre un jugement, qui eût été certainement favorable, ne peut que s'applaudir qu'une médaille d'or ait été décernée en dehors de lui à un établissement appelé à rendre de grands services.

L'Auvergne, le pays des lacs, la région privilégiée où la truite saumonnée s'est spontanément développée et où on la trouve encore dans sa pureté première, était en quelque sorte la terre promise de la pisciculture. On ne s'étonnera pas de trouver à la tête de la liste des récompenses attribuées à cette si intéressante branche de l'industrie les noms de deux hommes originaires de cette contrée aux eaux vives et limpides : MM. Amédée Berthoule et Franck Chauvassaigne.

M. Berthoule est propriétaire du lac Pavin et du lac Chauvet. Il y a quelques années, la faune ichthyologique du lac Pavin était nulle; le lac Chauvet ne nourrissait qu'une seule espèce de poisson, la perche. M. Berthoule a entrepris d'y acclimater les plus belles espèces de Salmonides : truite des lacs de la Suisse, *Salmo fontinalis*, *Salmo Cuinnat*, *Salmo sebago*, *rainbow trout* de Californie et aussi les *Coregonus fera* et *Maræna*. Ces espèces sont aujourd'hui pêchées dans les deux lacs. M. Berthoule a eu la bonne pensée d'exposer côte à côte la faune primitive des lacs et leur faune actuelle, de manière à bien mettre en relief les résultats obtenus. Il a accompagné ces intéressants spécimens d'une collection des animaux inférieurs (Copépodes, Ostracodes, Phyllopodes, Rotifères, etc.) qui vivent dans les lacs et servent à l'alimentation des jeunes poissons. Une autre collection non moins intéressante est celle des animaux indigènes ou de passage qui détruisent le poisson : martin-pêcheur, cyncle, balbuzard, loutre, etc.; c'est une mise à l'index de ces maraudeurs que cette collection éminemment suggestive pour les pisciculteurs.

A Besse, M. Berthoule a installé un fort beau laboratoire où s'accomplissent l'incubation et l'alevinage des jeunes Salmonides destinés à être jetés dans les lacs.

Mais ce n'est pas seulement dans le rayon restreint de l'Auvergne que s'est exercée l'influence de M. Berthoule. Depuis onze ans, l'éminent pisciculteur est secrétaire général et membre du conseil de la Société d'acclimatation; la direction des publications de cette société lui est confiée et, dans ces deux postes, il n'a cessé de rendre les plus grands services en mettant à la disposition de la pisciculture les relations et les ressources de tout genre de la puissante société dans laquelle il a une part importante de direction. C'est ainsi qu'au nom de cette société, avec le concours des Ministères de la marine et des travaux publics, il a fondé, dans le département de l'Aude, à

Guillon et à Gesse, deux laboratoires pour l'incubation et l'alevinage des poissons en vue d'introduire dans les cours d'eau du bassin de la Méditerranée les saumons qui y font complètement défaut. Dans l'hiver 1887-1888, ces deux laboratoires ont reçu 100,000 œufs de saumon de Californie, 10,000 œufs de salmonides, 20,000 œufs de *Salmo trutto*. Les jeunes poissons qui en sont provenus ont été mis en liberté dans l'Aude, où M. Berthoule poursuit l'acclimatation du saumon d'Amérique avec une persistance et une intelligence qui, sans aucun doute, seront couronnées de succès[1].

La compétence bien connue de M. Berthoule, ses travaux persévérants et heureux l'ont fait appeler à la Commission de revision de la loi sur la pêche du saumon, instituée au Ministère des travaux publics. Au Comité consultatif des pêches maritimes, institué par le Ministère de la marine, M. Berthoule s'est signalé par des rapports importants, où la compétence du juriconsulte s'alliait à celle du naturaliste :

1° *Rapport sur la pêche de la sardine et le commerce de ses produits;*

2° *Rapport sur les pêcheries de Cancale et de l'Arguenon;*

3° *Rapport sur les mœurs du saumon;*

4° *Rapport sur les concessions du domaine public.*

On retrouve dans ces rapports la profonde et sûre érudition de l'auteur du travail sur le *Régime des eaux,* qui a valu à M. Berthoule le grade de docteur en droit.

Enfin, M. Berthoule a collaboré comme membre du Comité d'installation à l'aménagement du pavillon de la classe 77 où il exposait.

L'ensemble de ces travaux, le désintéressement avec lequel ils ont été accomplis, les succès obtenus, la hauteur du point de vue auquel a su se placer leur auteur le désignaient pour une récompense exceptionnelle. En accordant une médaille d'or à M. Berthoule, le jury demandait que la pisciculture reçût, en sa personne, une plus haute marque de l'intérêt que doit porter le Gouvernement à une industrie qui touche aux sources vives de notre richesse nationale. Il recommandait la nomination de M. Berthoule au grade de chevalier de la Légion d'honneur. Comme la récompense demandée pour l'ostréiculture, la haute récompense demandée pour la pisciculture a été refusée, et les exposants de la classe 77 se sont trouvés de la sorte absolument exclus des listes de promotion dans la Légion d'honneur. Il appartient à ce rapport de constater hautement que, malgré la comparaison que fera naître nécessairement le souvenir des récompenses accordées à la classe correspondante de 1878, ni l'ostréiculture, ni la pisciculture ne sont en décadence dans notre pays[2]. Jamais, au contraire, leur essor n'a été plus brillant et plus fécond en résultats pratiques. Nous n'en voulons pour exemple que le

---

[1] Quelques-uns des élèves de M. Berthoule ont déjà été péchés dans la Méditerranée.

[2] Les propositions fort modestes faites par le jury de la classe 77 pour les nominations et promotions dans la Légion d'honneur ont été confirmées par le jury du groupe; elles furent *très énergiquement* soutenues par le Ministère de la marine; elles n'ont échoué qu'à la dernière heure, malgré les instances combinées des bureaux des jurys de classe et du groupe et du Ministère de la marine. Aucune explication plausible de cet échec aussi inattendu qu'immérité n'a pu être donnée au président du jury de la classe 77 lorsqu'il chercha vainement à en obtenir la réparation.

magnifique établissement créé par M. Chauvassaigne, au château de Theix (Puy-de-Dôme).

L'établissement de pisciculture de Theix date de 1876. Il est, en outre, à 15 kilomètres de Clermont-Ferrand, à égale distance de cette ville et de l'établissement thermal du Mont-Dore, dans le parc du château de Theix, dont M. Franck Chauvassaigne est propriétaire. Il est alimenté par des sources d'une remarquable pureté, d'une grande fraîcheur, et dont le débit moyen est d'environ 500 pouces fontainiers; toutes prennent naissance dans le parc de Theix et entretiennent à l'état de pureté une masse de 50,000 mètres cubes d'eau où vivent en parfait état des milliers de reproducteurs des espèces et variétés les plus estimées de poissons et de crustacés. Les prises d'eau sont étagées de façon que le trop plein des plus élevées coule en cascade vers les plus basses unies entre elles par des rivières artificielles dont quelques-unes ont plusieurs centaines de mètres de long, sur une largeur de 3 à 10 mètres. Ces rivières sont peuplées d'alevins et de jeunes truites du premier et du second âge. Deux laboratoires servent à la fécondation et à l'alevinage. Un capital de 100,000 francs a été engagé dans ces créations. Le rendement dans les campagnes de 1886-1887, 1887-1888, 1889-1890 a été le suivant :

1886-1887,	638,000 œufs livrés, évalués à.....................	3,010 francs.
1887-1888,	783,500..	4,870
1889-1890,	1,733,000..	10,309

Les frais de l'exploitation consistent dans l'achat de viande de cheval pour la nourriture des reproducteurs et dans l'entretien d'un employé spécial, permanent, qui s'adjoint, au moment de la pêche, le personnel de la propriété éloigné des travaux des champs par le mauvais temps en novembre et décembre. Ces frais s'élèvent à environ 3,000 francs, y compris les frais de réparation et d'entretien; ils sont largement couverts par la vente du poisson pour la consommation et des sujets vivants pour le repeuplement.

Dès aujourd'hui, l'établissement de M. Chauvassaigne est en mesure de livrer ses produits aux établissements de l'État, des départements et des particuliers à un prix grâce auquel nous cessons d'être tributaires de l'étranger. M. Chauvassaigne a voulu, en créant à ses frais son bel établissement, rendre à son pays l'équivalent de l'établissement d'Huningue créé par l'État et perdu en 1870; il y a parfaitement réussi.

La pêche des étangs se fait tous les ans en octobre, à l'aide d'un appareil appelé *la crénole*. Cet appareil est placé sous la vanne de l'étang. Dès que la vanne est ouverte, l'eau qui s'échappe s'écoule à travers le plancher à claire-voie; le poisson entraîné par la force du courant est précipité dans la crénole où il reste à sec et d'où on le tire facilement à l'aide de pêchettes. On le transporte alors dans des bassins spéciaux où il attend le moment de la ponte et de la fécondation artificielle. Trois étangs de la superficie de près d'un hectare chacun et contenant ensemble environ 5,000 reproducteurs, du poids moyen d'un kilogramme, sont ainsi vidés et pêchés en moins de trois jours. Une quatrième pièce, d'une étendue au moins égale aux précédentes, va leur être annexée; elle aura 5 mètres de profondeur et sera consacrée au *Salmo irideus* et autres espèces de truites dont la ponte plus tardive exige une pêche séparée qui ne doit se faire qu'au printemps.

Dans les laboratoires, construits d'après les plans de M. l'ingénieur Chaigneau, 10 millions d'œufs de salmonides peuvent être mis en incubation. Sous ces bassins ont été ménagés des réservoirs dans lesquels sont placés, au moment de la ponte, les reproducteurs séparés avec soin par espèce. Au moment de la pêche, les animaux sont placés dans un bassin extérieur attenant au laboratoire et communiquant avec son compartiment intérieur par une vanne permettant de les faire passer directement dans le laboratoire. Plusieurs conduits amènent aux bassins d'alevinage des sources dont les températures différentes permettent de retarder ou d'avancer l'époque des éclosions.

Une ingénieuse machine, placée à l'entrée du laboratoire, distribue d'une façon automatique tout à la fois l'eau et la nourriture dans chacun des bassins. Elle a pour organe principal un double auget à section triangulaire, monté sur un axe de rotation et divisé par une cloison bissectrice en deux compartiments égaux, ayant chacun une section angulaire d'environ 60 degrés d'ouverture. Deux tringles arrêtent le mouvement de l'auget autour de son axe de manière que, lorsque la paroi extérieure de l'un des compartiments appuie sur sa tringle d'arrêt, l'autre compartiment vienne se placer sous un robinet, dont la verticale fait alors avec la paroi extérieure de celui-ci un angle de 40 degrés et un angle de 20 degrés avec la cloison bissectrice. Il résulte de cette disposition que lorsqu'un des compartiments de l'auget est plein d'eau, il bascule sous le poids de l'eau de manière que l'autre compartiment vienne prendre sa place.

Sur l'axe des augets et en avant, se trouve un balancier dont les extrémités, dans le mouvement de bascule, accrochent des arrêts qui font lever la soupape d'un réservoir à chasse. A chaque mouvement de rotation, la soupape est levée un instant; elle retombe presque aussitôt, et la chasse est amorcée. Le réservoir de chasse, réservoir avant, se vide rapidement; le réservoir arrière qui communique avec le réservoir avant se vide également.

Sur le même balancier sont fixés deux axes auxquels sont reliées par des bielles les tiges de deux soupapes. A chaque mouvement de rotation de la machine une soupape se lève, l'autre s'abaisse sur l'orifice qu'elle doit fermer.

Sur l'axe de rotation et en arrière de la machine, se trouve un robinet à deux eaux. L'eau arrive par le fond du robinet et passe alternativement d'un côté et de l'autre de la machine.

Ces divers mouvements produisent les effets suivants: à chaque mouvement de rotation, le contenu de l'un des compartiments de l'auget (moins 40 à 50 litres) tombe dans une cuve cylindrique de laquelle partent des tuyaux communiquant avec de petits bassins à nourriture dont les bassins à alevins sont respectivement pourvus et qui sont chargés toutes les vingt-quatre ou les quarante-huit heures.

Au même instant le réservoir à chasse et le réservoir arrière se vident. Dans ce dernier se trouve un gros flotteur commandant un robinet qui s'ouvre à son tour quand le flotteur baisse et laisse arriver de l'eau sous pression dans un tuyau possédant autant de branchements qu'il y a de bassins à nourriture. L'eau de chaque branchement traverse un injecteur Giffard placé au fond du bassin auquel il aboutit. L'eau qui vient d'arriver de la cuve cylindrique est dès lors aspirée par l'injecteur et lancée à la surface du bassin à alevins.

Cependant le réservoir de chasse s'est rempli de nouveau ; le gros flotteur s'est relevé, a fermé le robinet et a interrompu l'arrivée de l'eau sous pression. Au mouvement de rotation suivant, les mêmes phénomènes recommencent. A la fin de chaque période, l'injecteur, ayant épuisé l'eau qui lui arrive de la cuve, aspire de l'air et c'est de l'eau chargée de bulles d'air qui arrive dans les bassins à alevins.

Le mouvement alternatif de la machine est encore utilisé pour faire arriver l'eau d'une façon également alternative par chaque extrémité des bassins et détacher des toiles métalliques qui en ferment les trop-pleins les parcelles de nourriture qui auraient pu s'y attacher.

Dès que la saison le permet et que leur taille est suffisante, les alevins sont expédiés ou placés dans les rivières, elles-mêmes divisées en compartiments par des barrages mobiles, en toile métallique, permettant de faire passer la population d'un compartiment dans l'autre, en facilitant le nettoyage et en permettant dans la partie abandonnée le développement des daphnies, de larves de chironomes et autres petits animaux qui formeront pour les alevins une abondante pâture au prochain transbordement.

Sur les rivières, M. Chauvassaigne a fait disposer de petites îles flottantes qui réalisent le double but de fournir aux jeunes truites de l'ombre et une nourriture abondante. Des plantes aquatiques, de la mousse, des fleurs couvrent ces îles et dissimulent une cloche contenant des déchets de viande et munie d'une ouverture disposée de telle sorte que les insectes, attirés par la viande, peuvent bien entrer, mais ne peuvent plus sortir ; la cloche est posée sur un plancher à claire-voie au travers dùquel les insectes qui sont entrés dans la cloche ; les larves provenant des œufs qu'ils ont pondu ne tardent pas à tomber à l'eau où les guettent les jeunes poissons.

M. Chauvassaigne a imaginé un certain nombre d'ingénieux appareils permettant de compter les œufs, de transporter les alevins en aérant constamment l'eau qui les contient. Il a ainsi heureusement complété sa magnifique installation et fourni à l'industrie de la pisciculture tout un outillage qui contribuera puissamment au succès d'une entreprise digne de tous les encouragements.

Parmi les dispositions accessoires imaginées par M. Franck Chauvassaigne, on a remarqué son procédé d'alimentation des jeunes poisssons. L'alimentation régulière et constante de bons alevins, tel est, en effet, un des gros problèmes que les pisciculteurs ont à résoudre. Le temps est passé où l'on pouvait croire qu'une rivière était peuplée par cela seul qu'on y avait jeté par milliers les alevins. Les alevins, on les élève aujourd'hui en chartre privée jusqu'au moment où on les suppose assez forts pour chercher eux-mêmes leur nourriture, résister à leurs ennemis ou tout au moins leur échapper. Jusque-là il faut nourrir les jeunes poissons et avoir en conséquence constamment sous la main, en grande quantité, les animaux dont ils font leur proie préférée. Ces animaux sont, pour les tous jeunes poissons, de très petits crustacés des genres *Cyclops*, *Daphnia*, *Cypris*, des larves de cousin, des lombriciens d'eau douce tels que les *Naïs* et les *Tubifex*. Plus tard, ils s'attaquent aux larves de chironomes, appelées « Vers rouges » par les pisciculteurs, aux crustacés amphipodes du genre *Gammarus* ou crevettes d'eau douce, aux crustacés isopodes du genre *Asllus* ou cloportes d'eau douce.

La production en grand de ce menu gibier est une grosse affaire ; la première condition de cette production est d'être abondante, rapide et économique. Les appareils fort simples installés par M. Lugrin à l'Exposition démontrent clairement qu'il a résolu complètement ce problème ; il lui a fallu pour cela une grande sagacité et un talent d'observation remarquables. En considération de l'importance pratique de cette solution et tout en regrettant que M. Lugrin garde secrets ses procédés de culture, le jury lui a accordé une médaille d'or.

La culture des petits êtres est souvent plus difficile que toute autre et le succès dans cette culture a un intérêt scientifique autant qu'industriel. M. Lugrin, établi à Gremaz-sous-Thoiry (Ain), est d'ailleurs un pisciculteur distingué. Ses bassins contiennent 20,000 truites et ombres-chevaliers de huit à dix mois.

M. Vacher a soumis à l'examen du jury les appareils et le dispositif qu'il emploie dans l'établissement fondé par lui à Argence (Eure) pour la production d'alevins destinés à repeupler les cours d'eau. Ce sont des bassins en forme de parallélépipèdes à l'une des extrémités desquels sont disposées deux vannes distantes de 1 décimètre environ. La première vanne n'atteint pas le bord supérieur du réservoir, la seconde n'arrive pas jusqu'à son fond ; elle peut être d'ailleurs élevée ou abaissée.

L'eau, amenée par un robinet en arrière de la première vanne, déborde au-dessus d'elle au bout d'un certain temps et coule ainsi simultanément dans toute la largeur du bassin ; la seconde vanne l'oblige à en balayer le fond sur lequel sont placées des claires à alevins du système Coste ; en outre un tube percé de trous, qui traverse en diagonale le réservoir de bas en haut, laisse écouler à diverses hauteurs de l'eau dans celui-ci. Grâce à ces dispositions, l'eau est constamment agitée, et les œufs incessamment lavés par une eau courante se développent avec une parfaite régularité. De 1883 à 1889, les établissements d'Argence ont produit 778,103 alevins de Salmonides qui ont été répartis à titre absolument gracieux entre les cours d'eau du département de l'Eure et de plusieurs départements voisins. Dans le nombre figurent 38,000 alevins de *Salmo salar* lâchés à l'embouchure de l'Eure dans la Seine, près de Vernon. Les travaux de M. Vacher ont obtenu déjà de hautes récompenses; le jury, quoique tardivement appelé à les examiner, a tenu à y ajouter une médaille d'argent.

Tous les pisciculteurs ont bien présent encore le souvenir de l'intelligent et modeste observateur à qui l'on doit l'acclimatation, ou tout au moins l'élevage en France de tant d'étranges poissons exotiques : le gourami; le splendide macropode de la Chine ou poisson de paradis, dont le mâle se fait un nid de bulles d'air sous lequel sont abrités les œufs; le poisson télescope, cette étonnante monstruosité du poisson rouge ordinaire, etc. J'ai nommé Carbonnier enlevé prématurément à ses importants travaux.

Carbonnier a fait des élèves et parmi eux M. Jeunet, qui l'a si longtemps assisté et qui est aujourd'hui le chef d'une maison indépendante. M. Jeunet s'occupe principalement de la production des alevins de salmonides, du repeuplement des cours d'eau à l'aide de ces alevins et de l'aménagement de ces cours d'eau. Il élève chaque année environ 100,000 alevins de salmonides divers. Son attention s'est également portée sur l'élevage de l'écrevisse, et il a réussi à en repeupler divers cours d'eau qui avaient été épuisés; tels les cours d'eau de la vallée du Servin, pour le compte du département de l'Yonne et divers cours d'eau du département de la Nièvre traversant des propriétés particulières. Une médaille d'argent est attribuée à M. Jeunet.

On doit à M. Rathelot, de Montrouge (Seine), quelques appareils de pisciculture qui peuvent être d'une réelle utilité. Tel est son appareil servant à faire éclore des œufs de salmonides. Cet appareil consiste essentiellement en deux caisses emboîtées l'une dans l'autre de manière qu'il reste un espace libre entre les faces terminales de la caisse interne et de la caisse externe. Le fond de la caisse intérieure est une grille sur laquelle sont placés les œufs en incubation. Une cloison verticale détache à l'une des extrémités de la caisse intérieure un compartiment au fond duquel sont disposées, sous une grille, des éponges. L'eau est amenée par un robinet dans le compartiment, qui lui-même présente à l'une de ses extrémités un compartiment secondaire dans lequel l'eau ne peut arriver sans avoir traversé le filtre d'éponge. Cette eau tombe dans la caisse à incubation par l'intermédiaire d'un trop-plein lorsque le dernier compartiment est rempli; elle s'aère dans sa chute. Des tubes horizontaux traversant la cloison de la caisse à éponges et dont une vanne permet de fermer les orifices servent à établir un courant à la surface des œufs.

M. Rathelot a également imaginé un ingénieux trop-plein formé de tubes emboîtés l'un dans l'autre et dont l'un, l'externe, présente une fente verticale, tandis que l'interne présente une fente hélicoïdale. Quand on fait tourner le tube interne la partie de la fente hélicoïdale qui vient se placer au-devant de la fente verticale est plus ou moins élevée et règle ainsi le niveau de l'eau. Ces diverses inventions ont paru au jury mériter une médaille de bronze.

Le jury mentionne enfin honorablement Mme CAUSSE, veuve du pisciculteur Carbonnier; aujourd'hui Mme Causse s'occupe elle aussi de pisciculture; elle a conservé une partie des traditions à la création desquelles elle avait assisté.

L'établissement de M. FERRÉ nous transporte dans un tout autre domaine.

L'art de conserver le hareng a fait la fortune de la Hollande; c'est un perfectionnement important de cet art que M. Ferré propose aux pêcheurs et saurisseurs de Boulogne.

Jusqu'ici le saurissage s'effectue dans des *coresses* ou cheminées verticales où les harengs sont disposés à différentes hauteurs et ne subissent de la part de la chaleur et de la fumée qu'une action fort inégale. Ceux que l'on dispose vers le bas de la cheminée sont exposés à des coups de feu; ceux que l'on place vers le haut sont souvent insuffisamment pénétrés par les produits de la combustion (créosote et acide pyroligneux) et se conservent mal. De plus, l'appareil actuel ne permet d'agir d'une manière suffisante que sur des harengs déjà chargés d'œufs ou de laitance et dont la chair a perdu une partie de ses principes alimentaires employés à la production et à la maturation des produits génitaux. Il en résulte que la grande pêche est interrompue durant les mois de mai, juin et juillet où le hareng est gras, mais où il est d'une part en concurrence avec tous les produits alimentaires de la saison d'été et où, d'autre part, on ne saurait le conserver faute de pouvoir le saurir convenablement. Il est arrivé, il y a quelques années, que 300 wagons de harengs pêchés à cette époque durent être livrés comme engrais à l'agriculture.

Le fumoir de M. Ferré se compose de deux galeries horizontales superposées. L'inférieure sert de réservoir pour la fumée et l'air chaud; la supérieure, fermée à ses deux extrémités par des persiennes à lames indépendantes et éclairée sur sa longueur par des fenêtres convenablement protégées contre la fumée, est le séchoir proprement dit. A l'une de ses extrémités, il communique avec la chambre de chauffe disposée en contre-bas par rapport à elle; à l'autre extrémité, il communique avec la cheminée d'appel. L'air chaud et la fumée produits dans le foyer sont donc obligés de traverser le séchoir pour se rendre à la cheminée. Des dispositions particulières permettent d'en régler à volonté les mouvements dans toutes les parties du séchoir. Les harengs sont disposés sur un certain nombre de colonnes à pivot tournant d'une manière continue et régulière, grâce au mouvement d'un arbre de couche qui commande des roues dentées placées à leur base. Grâce à ces dispositions, le séchage s'opère régulièrement et complètement; il est aussi parfait pour des harengs encore gras que pour des harengs chargés de produits génitaux; 50,000 harengs non salés peuvent être préparés à la fois.

On ne saurait contester les avantages théoriques de la nouvelle coresse de M. Ferré. Si, au point de vue pratique, telle qu'elle est actuellement construite, elle présentait quelques défauts, il serait sans aucun doute facile d'y remédier. Elle réalise certainement un progrès réel sur les coresses quelque peu rudimentaires en usage jusqu'ici, et paraît appelée à exercer une heureuse influence sur l'amélioration du saurissage et sur le commerce du hareng. Elle peut s'appliquer d'ailleurs avec quelques modifications de détail à la préparation de toutes les conserves fumées.

En attribuant une médaille d'argent à M. Ferré, le jury espère que sa méthode pourra prochainement être expérimentée en grand.

Le jury accorde enfin une mention honorable à M. RADLÉ, inventeur d'une machine à ouvrir les huîtres propre à rendre des services dans les établissements de consommation. M. Radlé, concessionnaire du bar de dégustation, établi au pavillon de la classe 77, a d'ailleurs rendu aux exposants de réels services comme intermédiaire.

Dans un autre ordre d'idées, le jury ne pouvait oublier les services rendus à l'exposition d'ostréiculture par les filtres MAIGNEN. Ces filtres, dont l'organe principal est un sac d'amiante couvert de noir animal, clarifient et désinfectent rapidement des masses d'eau considérables; en associant au noir animal une composition spéciale, ils peuvent rendre potables les eaux les plus séléniteuses; le jury n'avait pas à se prononcer sur la valeur hygiénique des filtres; mais il a pu constater que M. Maignen avait su maintenir claire et limpide l'eau de mer artificielle qui coulait dans les bacs; il a voulu reconnaître l'assistance désintéressée que M. Maignen a prêtée à l'exposition d'ostréiculture en lui accordant une médaille d'or à titre de collaborateur.

CONCLUSIONS.

De cette étude, il ressort que l'ostréiculture est dans notre pays en pleine prospérité. Le rêve de Coste est réalisé. La production de l'huître est aujourd'hui aussi régulière que celle du plus commun de nos produits agricoles. Alors que la pêche sur les bancs naturels était autrefois le seul moyen de procurer ces mollusques à l'alimentation, la valeur des huîtres dues à l'élevage artificiel a présenté, en 1887, une somme de 11,087,873 francs, celle des huîtres draguées demeurant à 570,030 francs; l'élevage représente donc une somme vingt fois supérieure à celle que procure l'exploitation des bancs naturels (voir pour chaque quartier les cartes ci-jointes); c'est surtout pendant ces dix premières années que ce résultat a été obtenu; il doit être hautement proclamé.

A certains indices, il semble même que la production ait atteint des limites que, dans les conditions économiques où nous vivons, elle aura de la peine à dépasser. Les huîtres du bassin d'Arcachon présentent quelques signes de décadence qui tiennent à ce qu'on en cultive dans le bassin plus que n'en comporte la quantité de nourriture qu'il peut produire. Il y a de ce chef quelques précautions à prendre; elles ont été indiquées déjà par M. Bouchon-Brandely, au Ministère de la marine.

A Auray, dans la baie du Morbihan, il semble aussi que la production soit supérieure aux demandes. Il faudrait trouver de nouveaux débouchés et l'emploi de l'eau de mer artificielle peut y aider. Il faudrait surtout éviter que l'intervention d'intermédiaires onéreux, les tarifs de chemin de fer, les taxes d'octroi n'arrivent à donner à l'huître, dans les villes éloignées du littoral, un prix hors de proportion avec son prix de revient dans les lieux de production. Ce sont des indications à la fois pour les producteurs qui peuvent essayer de constituer des groupes ou sociétés coopératives de vente comme à Arcachon et pour les administrateurs des compagnies de chemins de fer et des municipalités.

La pisciculture n'est pas moins en progrès. L'usage d'empoissonner nos rivières se répand; les méthodes d'élevage des poissons ont acquis une grande sûreté. Les lacs d'Auvergne, plusieurs de nos cours d'eau ont vu prospérer une nouvelle richesse qui ne peut que s'accroître encore. Il reste à surveiller l'aménagement de nos rivières de manière que les poissons que l'on y sème y trouvent toujours la nourriture et la protection dont ils ont besoin. C'est là le problème dont la solution préoccupe depuis longtemps les Ministères de l'agriculture et des travaux publics, problème dont la solution approche chaque jour.

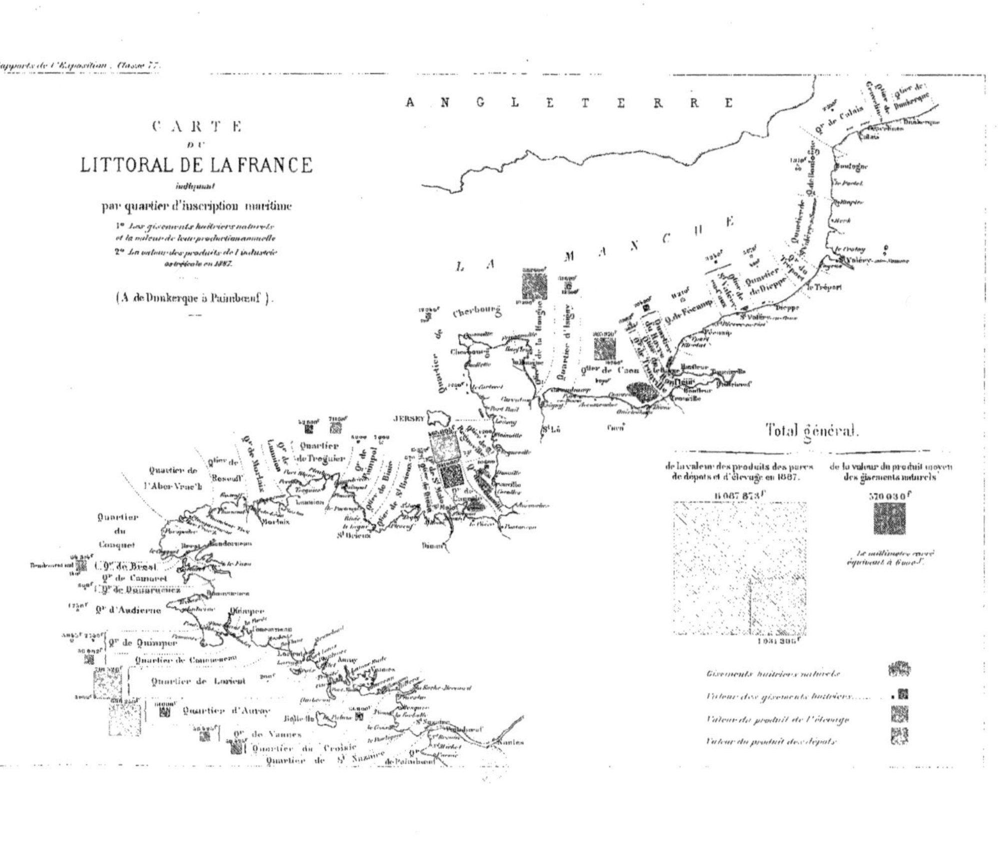
CARTE
DU
LITTORAL DE LA FRANCE
indiquant
par quartier d'inscription maritime
1° Les gisements huitriers naturels
et la valeur de leur production annuelle
2° La valeur des produits de l'industrie
ostréicole en 1887.
(A de Dunkerque à Paimbœuf).
ANGLETERRE
LA MANCHE
Cherbourg
JERSEY
Quartier de Tréguier
Quartier de l'Aber-Vrac'h
Quartier du Conquet
Q.er de Brest
Q.er de Camaret
Q.er de Douarnenez
Q.er d'Audierne
Q.er de Quimper
Quartier de Concarneau
Quartier de Lorient
Quartier d'Auray
Q.er de Vannes
Quartier du Croisic
Quartier de S.t Nazaire
Morlaix
S.t Brieuc
Dinan
Quimper
Lorient
Auray
Nantes
de Paimbœuf
Q.er de Calais
Calais
Boulogne
le Crotoy
le Tréport
Quartier de Dieppe
Dieppe
Q. de Fécamp
Fécamp
S.t Valéry
Honfleur
G.er de Caen
Caen
S.t Lô
Total général.
de la valeur des produits des parcs
de dépots et d'élevage en 1887.
11 067 873.f
1 641 306.f
de la valeur du produit moyen
des gisements naturels
570 030.f
Le millimètre carré
équivaut à 6000.f.
Gisements huitriers naturels
Valeur des gisements huitriers
Valeur du produit de l'élevage
Valeur du produit des dépots

LITTORAL DE LA FRANCE.

(B_De Painbœuf à St Jean-de-Luz)

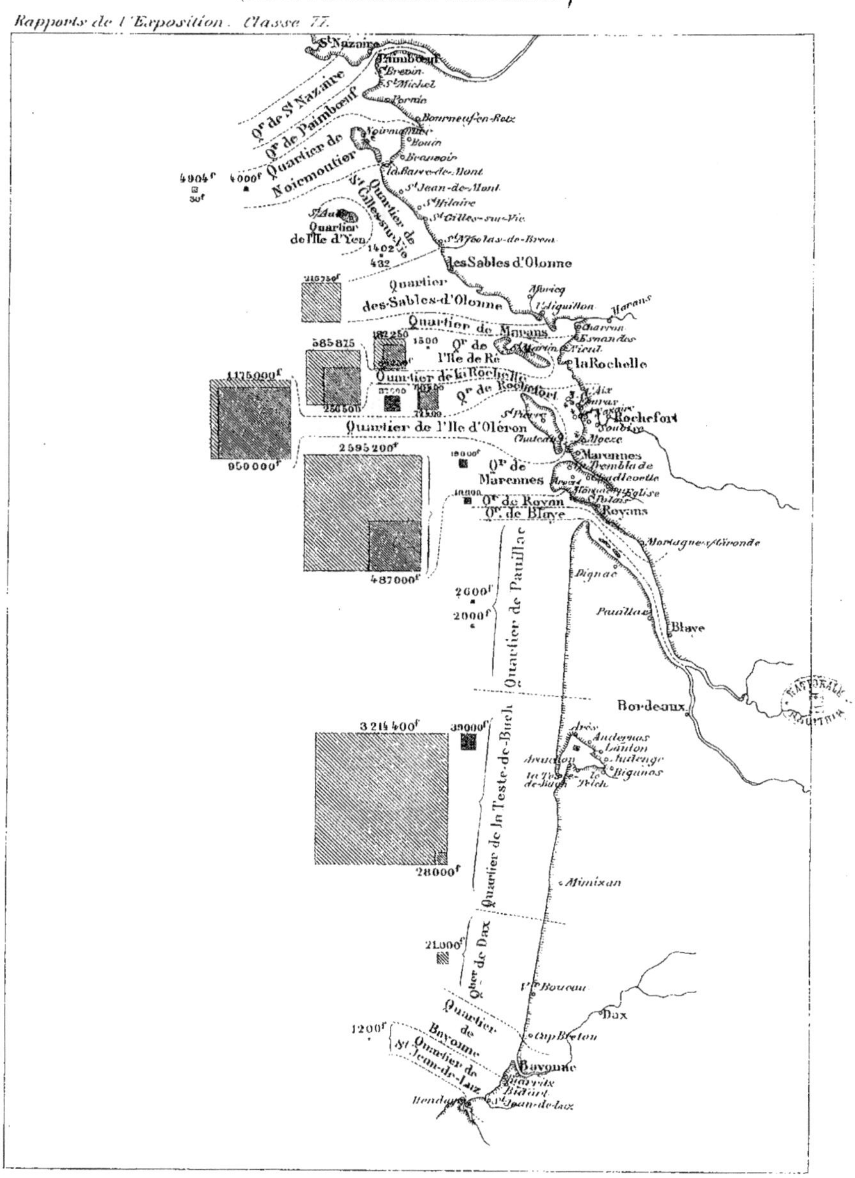

LITTORAL DE LA FRANCE

(Cte _ De Port-Vendres à Menton)

TABLE DES MATIÈRES.